本书为国家自然科学基金地区项目"年报风险信息披露□□应研究——基于交易所风险问询函的经验证据"（72062032）青年项目"年报风险信息披露、风险预警效应与市场稳定：（19YJC630040）、云南省基础研究计划青年项目"上市公司□基于动机和策略的视角"（202001AU070073）、云南省基础研究计划面上项目"基于机器学习的债券募集说明书重大事项提示文本分析研究：操纵行为与定价效应"（202201AT070803）的研究成果，感谢以上基金的资助。

年报风险信息披露
影响因素及其经济后果研究

Research On The Influencing Factors And Economic Consequences Of
Annual Report Risk Information Disclosure

高　曦◎著

经济管理出版社
ECONOMY & MANAGEMENT PUBLISHING HOUSE

图书在版编目（CIP）数据

年报风险信息披露影响因素及其经济后果研究/高曦著. —北京：经济管理出版社，2023.1
ISBN 978-7-5096-8973-8

Ⅰ.①年…　Ⅱ.①高…　Ⅲ.①上市公司—会计信息—影响因素—研究—中国
Ⅳ.①F279.246

中国国家版本馆 CIP 数据核字（2023）第 051030 号

组稿编辑：丁慧敏
责任编辑：丁慧敏
责任印制：黄章平
责任校对：张晓燕

出版发行：经济管理出版社
　　　　　（北京市海淀区北蜂窝 8 号中雅大厦 A 座 11 层　　100038）
网　　　址：www. E-mp. com. cn
电　　　话：(010) 51915602
印　　　刷：唐山玺诚印务有限公司
经　　　销：新华书店
开　　　本：720mm×1000mm/16
印　　　张：13
字　　　数：190 千字
版　　　次：2023 年 1 月第 1 版　　2023 年 1 月第 1 次印刷
书　　　号：ISBN 978-7-5096-8973-8
定　　　价：88.00 元

序言

2005~2022 年，金融危机、股灾、债券违约等一系列事件相继爆发，市场参与者对风险有了深刻的认识，对上市公司风险日益重视（Kaplan，2011）。一方面，风险信息的需求在增加；另一方面，投资者所能获取的上市公司风险信息却又极其有限。为顺应市场需求，中国证监会于 2007 年发布的《公开发行证券的公司信息披露内容与格式准则第 2 号——年度报告》中首次明确要求，上市公司在年度报告中管理层分析讨论部分应当针对自身特点进行风险揭示，充分、准确、具体地披露可能对公司未来发展战略和经营目标的实现产生不利影响的所有风险因素。此后，风险信息披露的监管要求也不断加强。监管机构期望通过持续的风险信息披露为市场提供与公司未来价值相关的信息，并作为一种外在的治理机制对管理层行为进行监管，以减轻信息不对称所造成的一系列负面效应。

对于年报风险信息的有效性，国外学者对早期的美国上市公司进行了研究，研究发现，年报风险信息披露并非无信息含量的模板式披露，相反，风险信息披露会增加投资者风险感知，导致股价异常波动、分析师预测分歧，同时也会降低市场的信息不对称程度（Kravet and Muslu，2013；Campbell et al.，2014；Hope et al.，2016）。那么基于美国市场的结论是否适用于中国市场？尽管中国年报风险信息披露的要求与美国已基本趋同，然而从实际披露的状况来看，相比于美国年报中长篇累牍、多达数页对公司风险因素的详细说明，中国年报中平均不超过半页的公司风险描述则略显单薄，一笔带过的也不少。

除了风险信息披露数量和质量存在较大差异以外，美国市场的结论对中国市场可能不适用的原因还包括三个市场在信息披露的监管方面的差异。其一，在法制监管方面，美国市场有成熟而健全的投资者保护法律体系，涉及欺诈、隐瞒风险的行为将受到法律严惩。而中国法制尚不够完善，对投资者保护不到位，对信息披露有误，隐瞒、延迟等披露行为的惩罚力度不够，因此管理层对于"坏消息"更倾向于隐瞒。其二，在大股东监管方面，由于欧美公司的所有权相对分散，大股东对信息披露有较高要求，以此实行对公司的监管。而中国股权结构较为集中，且国企的控制权占主导地位，大股东对信息披露的监督作用弱于欧美公司。其三，在机构投资者监督方面，中国市场以中小散户投资者为主，与欧美市场相比机构投资者的比重较低。而在分析和理解信息方面，机构投资者起主导作用，有助于股价恰当地反映披露的信息。

此外，研究方法的不适用性亦可能导致西方国家的研究结论无法直接应用于中国。前人研究已经发现针对上市公司信息披露而专门设置的词典对文本特征的度量更为准确。然而，相比之下，尽管近年来中国文本挖掘领域也有了重大发展，但仍然没有一套针对会计、经济和管理相关领域的专门词典和语料库。由于中国语言文字信息含量丰富，表达方式多样，语法结构不同于外语，在进行文本分析和提取时，一味参照国外的词库和方法得到的结论也许并不能反映中国的真实情况。西方国家得出的结论是否适用于中国仍不得而知，故有待对中国年报风险信息披露进行进一步的探究。

近年来，资本市场大涨大跌现象频频发生，股价崩盘风险已成为全球金融危机后宏观经济和微观财务学的研究热点。债券违约事件接连发生对资本市场产生了严重的负面影响。证券市场的稳定不仅可以规避和减少市场参与者的损失，对国家的经济、金融体系的长期健康发展也有着重要意义。年报风险信息披露是投资者可获得的关于上市公司风险的最直接信息，代表了公司管理层对本公司风险状况的整体判断。增加公司风险信息的披露，是否能够缓解投资者与公司之间的风险信息不对称，促进市场价格的发现和调整，降低市场波动？对此，本书试图探究年报风险信息披露对市场稳定的影响，以期探索稳定市场、降低市场波动的有效途径。

众多已有文献研究了信息披露及其经济后果（Glosten and Milgrom，1985；Diamond and Verricchia，1991；Hutton et al.，2009；Kim and Zhang，2014）。然而，风险信息披露不同于公司普通的公告信息，其本身具有不确定性，容易引发市场恐慌，致使市场参与者对公司的解读出现较大偏差（Gilbert and Vaughan，1998）。管理层倾向于隐瞒风险，风险信息披露因此也被批判为模板式披露无信息含量的信息。要探究风险信息披露能否起到稳定市场的作用以及如何影响市场稳定，应当先了解管理层进行年报风险信息披露的动因，即哪些因素导致了管理层进行风险信息披露。对此，本书将对年报风险信息披露的影响因素进行考察。

本书主要的研究内容如下：

第一，风险信息披露的影响因素。本书从公司风险水平、风险管理水平、外部压力和产权性质四个维度探究了对风险信息披露指标产生影响的因素。研究发现：①公司风险水平、风险管理水平、外部压力和产权性质均对公司风险信息披露产生影响，但由于不同风险信息披露指标所侧重的点不一样，这些因素对不同指标的影响大小和方向不完全一致。②对重大风险实质性提示而言，业绩下行风险、风险管理水平、行业集中度、分析师跟随人数对其具有显著正向影响。③机构投资者持股比率、国有产权、负债率、ROA、账面市值比对其具有显著负向影响。④"董事会报告"风险因素段落的语气越悲观，业绩下行风险、风险管理水平、法律诉讼、公司规模、账面市值比越大，呈显著正向关系；而机构投资者持股比率、分析师跟随人数、是否国有、负债率和资产回报率则对负面语调具有显著负向影响。⑤对于"董事会报告"中的与上年相似度指标，仅业绩下行风险对其产生显著正向影响，风险管理水平、行业竞争程度、分析师跟随人数、规模则对其产生显著负向影响。

第二，风险信息披露与股价崩盘风险。本书对两者关系进行了检验。研究发现：①进行重大风险实质性提示后，股价崩盘风险显著提高；"董事会报告"风险因素段落的语气悲观程度与上市公司股价崩盘风险显著正相关；风险因素段落内容与上年风险因素段落的相似度则与股价崩盘风险显著负相关。②为了克服内生性问题，本书通过工具变量、双重差分等方法对不同风险信息披露指标进行了检验，并尝试替换解释变量和被解释变量，以尽量确保研究结论的稳健性。③进一步研究发现，重大风险实质性提示对股价崩盘风险的影响包含了风险因素段落的语气和相似度对股价崩盘风险的影响，三者同时回归后，后两者的显著性消失。④公司风险水平对两者关系具有正向影响，即风险水平越高，风险信息披露对股价崩盘风险的影响效果越强；而相比于国有上市公司，风险信息披露对股价崩盘风险的影响仅存在于非国有上市公司。⑤重大风险实质性提示的披露会提高公司信息不对称程度，且信息不对称是风险信息披露影响股价崩盘风险的不完全中介。

第三，年报风险信息披露与债券信用利差。本书检验了两者之间的关系，研究发现：①发债企业重大风险实质性提示能显著提高债券信用利差，且这种关系在进行了双重差分及多种稳健性检验后仍然存在。②发债公司基本面风险越大，重大风险实质性提示对债券信用利差的影响越大；公司风险管理越强，重大风险实质性提示对债券信用利差的影响越弱；信息质量越差，重大风险实质性提示对债券信用利差的影响越大；相比国有企业重大风险实质性提示对非国有企业债券信用利差的影响更大。③本书证实了实质性风险信息披露的信息含量，并检验了首次披露与其后披露的风险提示在影响效应上的差别，发现首次披露与其后披露的重大风险提示对债券信用利差机会具有相同的影响。④进一步研究发现，重大风险提示通过提高投资者的异质信念，影响了债券利差。而异质信念是风险信息披露影响信用利差的中介变量。

本书的主要创新点在于：

第一，丰富了年报风险信息披露影响因素的文献。现有研究主要集中于探究年报风险信息披露的价值相关性，以及对投资者风险感知和识别能力的影响，鲜有研究系统探究年报风险信息披露的影响因素。本书从公司内部特征及外部压力两个方面考察年报风险信息披露的影响因素，具有一定的创新性。

第二，探究了年报风险信息披露对股价崩盘风险的影响。学者从管理层代理冲突视角和信息透明度视角进行了大量股价崩盘风险影响因素的研究，然而，尚未有人研究年报风险信息对股价崩盘风险的影响。本书为年报风险信息对股价崩盘风险影响的研究提供了一个新的视角。

第三，探究了年报风险信息披露对公司债券市场的影响。年报风险信息披露的研究主要集中于股票市场，鲜有针对债券市场的研究。本书为债券市场投资者使用上市公司公告信息的研究提供了新的证据。

目 录

| 导　论 ||

一、问题的提出

资本市场是一个风险与机会并存的市场，在资本市场上，风险信息是最重要也是最具有价值的信息之一。提早发现风险，预防和规避风险，不仅对资本市场参与者而言能减少损失，而且对于稳定证券市场、促进资本市场持续健康发展也具有重要意义。尤其是近年来，经历了资本市场的一系列动荡起伏的事件后，市场参与者对风险的重视程度日益增加（Kaplan，2011）。纵观 2007 年以前上市公司的对外公告披露要求，仅有两处要求公司披露风险信息：其一，中国证券监督管理委员会（以下简称"证监会"）在《公开发行证券的公司信息披露内容与格式准则第 1 号——招股说明书》（以下简称《内容与格式准则第 1 号》）中要求发行人在首次公开发行招股说明书中，应当遵循重要性原则，按顺序披露可能直接或间接对发行人经营状况、财务状况和持续盈利能力产生重大不利影响的所有因素；其二，在深沪交易所《上市规则》中要求当上市公司面临违法违规、并购、重大亏损等交易或者公司认定的重大风险情况时，应单独披露风险提示公告说明情况并提示相应的风险。长期以来，上市公司几乎没有其他风险信息披露的途径。虽然招股说明书中的风险信息内容丰富详细，但随着公司政策的调整和发展，风险因素不断发生变更，已经不再适用于未来期间的分析。而公司面临某个重大事项而临时披露的风险提示公告，通常具有针对性，仅针对即将发生的单一项风险，只有公司面临披露压力时才可能披露，因而投资者缺乏可以持续获得公司风险因素的途径。

为顺应市场需求，中国证监会于 2007 年颁布的《公开发行证券的公司信息披露内容与格式准则第 2 号——年度报告》中明确要求，公司在年度报告中管理层分析讨论部分应当针对自身特点进行风险揭示，充分、准确、具体的披露可能对公司未来发展战略和经营目标的实现产生不利影响的所有风险因素。2005 年美国证监会亦要求上市公司在年度报告中增加一个风险因素段落，用于披露公司当前和未来时期可能存在的风险因素。由此可知，在年报中披露风险信息，不仅是为了满足市场参与者日益增长的信息需求，也是使中国与国际资本市场风险信息披露内容和要求趋于一致的需要。监管机构期望通过持续的风险信息披露为市场提供与公司未来价值相关的信息，并作为一种外在的治理机制对管理层行为进行监管，以减轻信息不对称造成的一系列负面效应。

对于年报风险信息的有用性，国外学者对美国上市公司进行了早期的研究。一方面，一些批评者质疑年度报告中披露的风险因素多为模板式的风险，并不能代表公司真实的风险状况。因此，证监会要求增加的风险信息披露在多大程度上是对公司风险的如实描述，该准则是否具有价值和意义，长期来备受质疑。另一方面，赞同者则认为，年报中的风险信息具有非常重要的作用。其一，相对于基于财务报表及附表进行风险分析的专业投资者，阅读报表中的文字，对于无财务分析能力的普通投资者而言，更加易懂。因此，年报中文字部分的读者远远多于数字部分的读者。其二，文字信息可以作为报表数据的补充说明，单独的财务报表无法给投资者提供大量的信息，当财务报告与文字叙述相结合时，可以帮助人们解释财务报表、补充说明，同时文字信息也能单独提供对报表使用者有价值的信息。因此，风险信息披露的定性文字表述，对于帮助投资者准确把握上市公司状况、进行合理的资源配置、制定投资计划以及了解和预防公司风险状况有着重要意义。

金融危机的快速蔓延，造成了市场剧烈动荡，也牵动着投资者敏感的神经。股价崩盘风险已成为全球金融危机后宏观经济学和微观财务学研究的热点，债券价格波动、信用违约等问题也对市场造成了严重影响。综观全球资本市场，大幅度的上涨和急剧的下跌对市场稳定造成了极大的隐患，也对投资者信心造成了严重的打击。在这样的背景下，国内外学者意识到深入研究造成股市不稳定的动因和机理，制定针对性防范措施以稳定股市，是当前亟待解决的问题。

年报风险信息披露是投资者可获得的关于上市公司风险的最直接信息，代表了公司管理层对本公司风险状况的整体判断，因此能直接影响投资者对上市公司的风险感知和风险识别，而这些都有助于缓解上市公司与投资者之间风险信息的不对称性，减少不确定性造成的风险累积，从而有助于提高稳定性。然而，风险信息亦可能引发市场不确定性，打击投资者信心，给公司带来损失，管理层通常倾向于隐藏风险，迫于监管压力及诉讼风险，不得不披露时，管理层通常会选择不如实披露风险或隐藏性披露，如模板式的披露，或披露尽可能多的风险项目，以发生概率较小的风险来掩盖发生概率高的风险。在此种情况下，市场参与者能否通过解读而感知到公司背后隐藏的风险，管理层披露的风险能否预测未来市场震荡，风险信息的披露能否引发市场更大的不稳定，这些都有待研究。

二、研究目标与研究意义

（一）研究目标

上市公司风险信息属于定性披露的信息，定性信息披露质量的评价历来是困扰理论和实务界的一个难题。早期的风险信息披露研究多基于公司案例（张苏彤、周虹，2003），或针对某些特殊行业（Beattie，2004）和机构（Oliveira et al.，2011）。随着数据挖掘技术的发展，越来越多的研究采用内容分析法，对风险信息披露信息内容进行深入挖掘和分析，试图发现隐藏在文本中的被忽视的信息。

在基于内容分析的研究中，Li（2008）发现风险信息与下期业绩及未来股价显著负相关。Kravet and Muslu（2013）考察投资者对年报风险信息披露的感知能力，发现风险词汇频率的变化值与股票回报波动性、异常交易量及分析师预测修正偏差显著正相关。Hope et al.（2016）研究发现，当风险信息披露越多，市场反应以及交易量越大时，分析师能更好地估计基础风险。Elliott et al.（2015）研究发现，风险信息披露可解释公司在负债率、投资、研发、雇员、股利政策、现金持有和股票购买等方面的不利变化。

现有基于内容分析的风险信息披露研究，主要是学者基于美国资本市场的研究，然而在中国，还鲜有通过年报中披露的定性描述来分析公司风险信息的研究。国外研究的结论是否适用于中国市场？针对中国资本市场的实际情况，年报风险信息披露是否具有有用性？能否如实反映公司风险状况，有没有起到应有的风险预警作用？如何应用内容分析法来高效度量年报中披露的风险？这些都是值得探究且亟待解决的问题。

此外，尽管文本分析的技术已经取得较大进步，然而，这些先进的分析技术尚未运用于年报风险信息披露领域。外国研究也仅限于关键词频语句的提取（Hope et al.，2016；Kravet and Muslu，2013；Campbell et al.，2014），而中国基于文本分析方法的研究尚处于探索阶段。一方面，使用文本分析研究风险信息披露的文献较少，研究不够深入，使用的数据量少，研究内容多侧重于统计披露的风险信息的类别，以及简单的检验风险信息与企业经营情况的相关性。另一方面，对于中国年度报告风险信息披露的文本分析，由于披露格式不规范、缺乏专门词典和语料库等客观问题，国外的研究结论无法直接适用，这也使得针对中国的研究既有必要性，也有挑战性。

由此，本书旨在通过较前沿的文本分析法，对中国年报风险信息披露进行内容分析，检验风险信息披露内容对股票市场和债券市场的影响，并对其影响因素进行系统探讨。

（二）研究意义

本书研究的理论意义如下：

第一，丰富了信息披露方面的文献。现有信息披露的文献主要从信息披露质量评价、影响因素和经济后果三个维度来考察，披露的信息包括管理层业绩预告、年度报告、季度报告、其他公告，其内容包括自愿非自愿性披露、公告披露的数量和及时性、内部控制缺陷、社会责任、碳排放等，其中关于年报中风险信息披露的文献仍相对较少，且国外对于风险信息披露的文献侧重于探讨资本市场参与者对风险信息的识别和感知能力（Li，2008；Kravet and Muslu，2013；Campbell et al.，2014；Hope et al.，2016），而较少有学者关注风险信息能否减少或增加市场波动。中国关于年报风险信息披露的研究尚在初期，文献数量少，质量也不高。因此，本书对风险信息披露与市场稳定的研究不仅丰富了信息披露的研究，也极大地补充了中国风险信息披露领域的研究。

第二，国外最新研究方法"本土化"。在信息披露市场效应的研究领域，西方学者对公司透明度与信息不对称程度和投资者预测风险之间的关系已进行了长期深入的讨论。一方面，尽管对企业风险信息披露的研究已有多年，但已有文献主要集中于欧美等工业化国家；另一方面，由于中国与这些发达国家在经济发展程度、文化和体制等方面存在较大差异，直接将这些研究结果运用到我国是不适当的。

本书通过对 2007~2017 年所有上市公司年报风险信息披露进行较为系统的研究，总结出适合中国企业风险信息披露的理论系统，丰富了中国风险信息披露文献，同时也为其他发展中国家准则的制定和推广提供了借鉴。通过对年报风险信息披露进行研究，我们可以将研究成果与国外最新研究进行对照，以发现中国企业与国外企业的差异，为国外最新研究方法的"本土化"需求提供一条实验途径，以更好地指导中国企业与国际"接轨"。

第三，丰富了运用文本分析研究方法的文献。近年来，国外研究中运用计算机技术进行文本分析进而研究公司信息披露，是一个热门的研究领域。会计财务研究中，常见的关于运用文本分析的研究主要集中在以下三个方向：披露的水平、披露的语调、披露的透明度（Li，2008）。然而，由于中文语义的多重性、词汇的复杂性，很难将国外的研究直接借鉴使用。因此，中国把文本分析研究方法运用到会计领域的文献鲜能见到。本书使用计算机程序和手工识别相结合的方法，通过设置风险指标，尝试对年度报告中披露的风险及其相关关键字进行提取分析，在一定程度上为中国文本分析方法提供借鉴。

本书研究的现实意义如下：

第一，为公司信息披露决策提供经验参考。信息披露既有收益也有成本，公司披露的信息是经验权衡后的结果。风险信息的披露对于公司而言似乎成本高于收益，为符合证监会要求，许多公司会进行策略性披露，回避和掩盖真实的风险因素。本书试图探究公司风险信息披露对资本市场的影响，以揭示风险信息披露对于外部投资者的重要意义。

第二，一定程度上有助于提高投资者的风险感知和识别能力。随着近年来全球股市的剧烈震荡，尤其在中国股市经历了数次大幅跳水后，市场参与者对风险信息有了更高的诉求。本书尝试对公司披露风险的影响因素进行分析，可以为投资者进行风险识别和判断提供一定的理论和经验证据。此外，对于风险信息披露的解读，也有助于投资者提高对公司披露风险的认知，提升投资者的估值能力。

第三，为中国上市公司风险信息披露制度的修订提供经验证据支持。《年度报告的内容与格式》要求中国上市公司披露与风险有关的信息，但制度执行的效果如何，理论界和实务界对此的研究较少，本书拟提供制度执行的经验证据，以期为制度的完善提供支持。

三、研究框架与研究内容

（一）研究框架

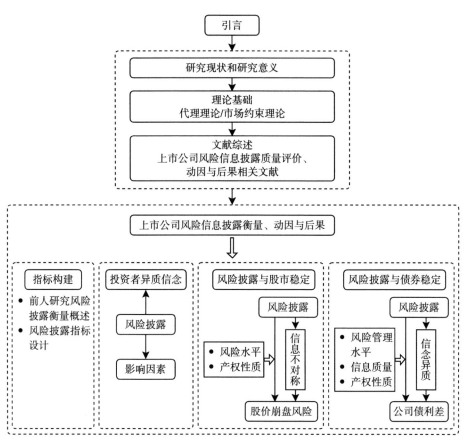

图 0-1　研究框架

（二）研究内容

本书共分为七个部分，整个研究框架如图 0-1 所示。

开头为导论，概述了本书的背景、研究目标以及理论和现实意义。

第一章为理论基础，从委托代理理论、市场约束与政府监管理论、经济学供求理论等基础理论出发，论述风险信息披露的理论基础。

第二章为文献综述，从风险信息披露质量评价、影响因素和经济后果三个方面梳理了已有研究。

第三章介绍了风险信息披露的制度规定、度量及信息性质，并对风险信息披露的影响因素进行了探究。从公司风险水平、风险管理能力、外部压力和产权性质视角，考察了影响公司风险信息披露的因素，并检验了风险信息披露的市场反应及信息性质，即年报风险信息披露是否体现了异质性。

第四章讨论了风险信息披露与股价崩盘风险。以股价崩盘风险作为市场稳定的代理变量，检验了年报中不同位置出现的风险信息对股价崩盘风险的影响，并讨论了对该关系产生影响的可能因素，最后，研究发现年报风险信息披露会提高信息不对称，进而增加了股价崩盘风险。

第五章讨论了年报风险信息披露与公司债券信用利差。检验了年度报告首部分中重大风险提示的披露对债券信用利差的影响。研究发现披露了重大风险实质性提示的公司，其债券信用利差也较大。而公司风险水平、信息环境、风险管理能力都会对两者关系产生影响。同样，研究发现信息不对称仍旧是风险信息披露提高债券信用利差的不完全中介。进一步，对后文风险描述段落进行了文本分析，并检验了其与债券信用利差的相关性。

第六章为本书结论、局限性与未来研究方向。总结了研究结论，提出了本书存在的问题及进一步改进的方向，同时也对上市公司年报风险信息披露提出了进一步完善的对策和建议。

四、研究贡献

本书主要有以下三点创新：其一，本书开创性地将重大风险实质性提示及风险因素段落的语气和相似度同时进行回归，发现加入重大风险实质性提示后对另外两者对股价崩盘风险的影响效应消失，表明重大风险提示对于投资评估和预防公司风险的重要意义。2015 年后新颁布的《公开发行证券的公司信息披露内容与格式准则第 2 号——年度报告》中放松了公司对重大风险提示的强制性披露，而本书强调了重大风险提示的有用性，也可以为监管机构对相关准则的制定提供依据。其二，年报风险信息通过提高信息不对称程度进而影响股价崩盘风险，表明年报风险信息披露提高了投资者风险感知能力，并起到了预警作用，并导致了市场上投资者风险认知偏差增大，补充了风险信息披露信息效应的相关文献。与本书最相关的研究为叶康涛等（2015），他们利用中国内部控制信息披露数据发现，内部控制信息披露可降低未来股价崩盘风险的发生，研究结论与本书相反。尽管内部控制信息与风险信息在某些方面具有相似性，比如，都是年报中的定性披露，披露目的都是降低信息不对称，进而对管理层经营管理行为进行监督。但风险信息中更多包含了关于企业风险水平的不确定信息，故其效益与内部控制信息效应不一致。其三，年度报告风险信息一直被认为是没有信息含量的模板式信息，因而没有得到足够的重视。本书研究发现，年报风险信息可以起到预测未来崩盘风险的作用。一方面，本书提供了风险信息披露有效性的证据；另一方面，也从侧面反映出中国上市公司对自身风险信息披露不够及时充分，风险隐藏和风险累积效应明显，因而当迫于诉讼风险不得不在年报中披露时，往往预示了公司"坏消息"较多，崩盘风险发生的可能性较大。因此，这也为中国有关监管部门制定更有效的披露制度、强化风险信息披露监管、促进资本市场健康发展提供了决策依据。

| 第一章 ||
理论基础

　　风险信息披露主要是指上市公司通过一系列定期和非定期公告，如招股说明书、年度报告等形式，把与公司相关的风险信息向投资者和社会公众公开披露的行为。所谓风险，即不确定性。对于企业而言，风险信息就是公司未来经营发展所面临的不确定因素的信息。企业风险信息的使用者众多，包括投资者、债权人、客户、供应商、分析师、审计师、竞争对手、政府部门等。企业面临的风险不是单一的，而是非常复杂多面的。不同的信息使用者，对风险信息的需求和侧重点往往不同，例如，投资者关心企业的盈利能力，债权人对企业偿债能力尤其关注，客户极为关注公司产品质量风险，政府对公司合法经营风险和环境危害风险尤为重视。

　　年报风险信息披露是指上市公司按准则规定向信息使用者及时准确地披露公司自身风险状况的信息，这些信息包括风险事项、风险发生概率、影响程度、风险管理举措等。而年报风险信息披露就是将上市公司上年在运营和管理过程中所涉及的风险，系统地披露在定期报告和临时报告中，向利益相关者传达风险信息的行为。本书中的风险信息披露是指上市公司年度报告中披露的关于公司风险状况的文字性叙述，既包括风险事项，也包括风险描述和风险措施应对部分。

通常用风险信息披露水平来表示风险信息披露数量，常见的有风险信息披露的字数、条数等；风险信息披露质量是指风险信息披露的总体质量，不仅指风险信息披露的数量（字数、条数），还包括风险信息披露的风险类别（内部风险、外部风险；或政治风险、财务风险、技术风险等）、风险描述信息含量（是否与上年有显著差异）、风险严重程度（语气悲观程度等）、是否有风险应对措施和风险信息披露是否及时等。

第一节　委托代理理论

一、委托代理与风险信息披露

Jensen and Meckling et al. （1976）提出委托代理关系是"一个人或一些人委托他人根据委托人利益从事某些活动，并相应授予代理人某些决策权的契约关系"。代理关系中代理问题普遍存在，这是由于委托人和代理人的目标函数不一致，即在委托代理关系中委托人希望代理人按照委托人的经济利益履行受托经济责任，而代理人由于其"经济人"本性和自身利益最大化的追求，可能并不总是按照委托人的利益采取行动，从而在代理行为活动中背离委托人的利益目标，不能按照委托人的目标履行代理人本应实现的受托经济责任，从而产生代理问题。委托代理理论的核心是在利益冲突和信息不对称情况下，解决委托人对代理人的激励问题，即代理问题。

为了有效破解代理问题，委托人往往会通过设立各种契约来约束和监督代理人的行为。一方面，监督和考核建立在信息的基础之上，委托人会要求代理人披露相关信息。约束行为越好，信息披露质量越高，从而能够缓解委托人和代理人之间的冲突。另一方面，这些契约的执行要耗费成本，不仅降低投资成本，而且可能降低经营者的报酬，所以管理层也会主动披露信息以降低代理成本。Gaber（1985）的研究表明提高信息披露质量可以降低代理成本。另外，公司治理也是基于代理问题产生的制度装置。由此可见，信息披露和公司治理是基于代理问题产生的制度，说明委托代理理论为信息披露和公司治理提供了理论依据，也为研究公司治理与信息披露行为之间的关系提供了理论框架。

风险信息是利益相关者需要的一种关乎决策的重要信息，随着风险的加大，风险信息决定着企业的命运、投资者的投资成败等，影响众多利益相关者的利益。委托人要求代理人披露风险信息也是一种必然趋势。然而，对于企业代理人而言，如实披露公司风险具有较高的成本。其一，风险信息是一种异质性比较强的信息，公司风险状况如实向外披露，会引发投资者认知偏差，从而导致股价异常波动。其二，风险信息也是一种"坏消息"，过多坏消息的披露，会对代理人声誉、公司声誉及投资者信心产生影响。Kothari et al.（2009）发现管理层有动机隐瞒风险以维护自身职业发展。因此对于公司风险信息，上市公司管理披露的意愿不足。其三，风险信息披露属于定性披露，监管机构难以有效监管风险因素发生概率及其影响程度，因而披露越多反而越容易受到质疑。这些特点导致风险信息披露既可以作为管理层降低对外信息不对称的中介，也可以作为管理层在压力面前不得不戳破累积风险的工具。因此，年报风险信息披露与普通信息披露的这些差别，也导致了其影响因素与普通公告信息披露的影响因素存在差异。

强制风险信息披露制度的出台，就是为了防止代理问题产生代理人隐藏风险问题，从而保护投资者的利益。然而，风险信息披露属于定性信息披露，管理层自行决定披露内容，因此也具有自愿披露的特点，在这种情况下，风险信息的有用性、价值相关性问题便凸显出来。

二、信息不对称与风险信息披露

在委托代理关系中，信息扮演着调和委托方和代理方冲突的重要角色。受托方是信息供给方，委托方通过向受托方提供高质量的信息披露缓解代理冲突。需求者的信息主要来源于上市公司的招股说明书、年度报告等公开性文件，但是上市公司的经理层出于各种考虑往往不会提供完整、相关的信息，产生"信息不对称"问题。对委托人来说，获得足够的相关和可靠的信息，有利于他们做出正确的投资决策，也有利于他们更好地考核代理人的经营业绩。对代理人而言，隐瞒信息或提供虚假信息也会使其自身利益受到损害，最终被逐出市场，因为信息使用者因"受骗"导致决策失误就必然会使所有者不再与管理者签订雇用合同，债权人不再与管理者签订贷款协议或干脆抛售股票。可见，披露风险信息是投资者和经营者的共同需要，有助于减少信息不对称状况，是解决逆向选择和道德风险的有效途径。

解决信息不对称问题的最好方式就是上市公司向利益相关者发送正确的信号，即真实、充分、及时地公开披露信息。不同利益相关者对信息的需求不同，如债权人比较关心企业的偿债能力，投资者更关心企业获利能力，无一例外地，他们都重视企业的风险信息，这些信息是外部使用者决策的基础。逆向选择的存在会扼制企业的发展，因此，理论上企业应积极主动地披露信息。

然而，企业仍然属于信息优势一方，对于风险信息这种异质性强的信息，比起毫无保留地对外披露，投资者往往会采取一些披露策略，如模糊披露，混淆投资者认知；延时披露，以避开最关键的时期；或是将信息隐藏在披露的语调中。这些策略一方面能在一定程度上隐藏风险，另一方面也能避免风险信息披露造成的损失。因此，年报风险信息披露尽管能一定程度上缓解信息不对称，但绝不可能完全避免信息不对称。

这就产生了政府通过立法强制企业进行信息披露和对其进行监管的需要，以消除信息不对称带来的市场低效率和单一主体监督成本的不经济。但如上所述，企业与监管部门之间也存在信息不对称，因此，还需要其他力量对企业进行监督。

三、信号传递与风险信息披露

信号理论在解决信息不对称导致的逆向选择问题上发挥了极其重要的作用。从信号理论来看，由于企业内部人比外部投资者更为直接地了解企业未来的现金流量、风险、投资机会和盈利能力等信息，他们只有通过适当的机制向市场传递这些信号，向外部投资者表明企业的真实价值，才能获得良好的发展

机会。如果企业不充分披露相关信息，投资者由于不能充分了
解企业机会和风险的信息，不能正确地对企业作出评价，进行
正确的投资，从而发生逆向选择，导致市场资源配置的低效率。
所以，业绩好的上市公司基于自身利益的考虑，更多地披露包
括风险及其管理能力在内的信息，从而向市场传递企业未来发
展的准确信号，通过信号传递将其与业绩较差的公司进行区分，
这些公司股票的价格有可能上涨。而那些不披露的公司则认为
有不利信息，股票价格有可能下降，所以业绩差的公司为了避
免被投资者猜疑而引起股票价格下降，也会自愿披露风险信息
及其风险管理能力，信号显示的过程将持续到那些业绩最差的
公司不再发出信号来显示其价值为止。

对于风险信息披露，更可能的情况是，当一家面临较大风
险的公司对外披露了自身风险后，与之而来的是风险因素的发
生，使市场对于披露的风险信息持有一种悲观情绪。这种悲观
情绪传到其他公司，业绩比较差的公司看到披露风险所产生的
不良反应，为了避免被投资者猜疑而引起股票价格下降，则会
减少自愿披露风险信息及其风险管理能力，信号显示的过程将
持续到那些业绩最好的公司不再发出信号来显示其价值为止。
无论哪种信号传导效应，证券市场信号显示的结果不仅将不同
质量的公司进行了区分，而且强化了上市公司风险信息披露的
动机。

第二节　市场约束与政府监管理论

一、市场约束与风险信息披露

市场约束也被称为"市场纪律"，指除政府以外的利益相关者，如债权人或所有者，借助于信息披露和有关社会中介机构，如律师事务所、会计师事务所、审计师事务所和信用评估机构等的帮助，通过自觉监督和对公司的约束，把管理落后或不稳健的公司逐出市场等手段来迫使公司安全稳健经营的过程。从监管操作角度看，市场约束的具体表现形式之一就是强化信息的披露。

从市场约束机制来看，在市场约束有效的条件下，企业披露更多有用的风险信息，资金提供者就能更好地定位和判断企业的风险水平从而消除资本成本的风险溢价，企业也能从降低其融资成本中获益；而不愿披露风险信息的企业不仅要为找寻资金付出昂贵的代价甚至难以获得资金支持。风险信息披露的增加，还可以帮助企业监管机构更有效地监测，使他们能够更好地预见到潜在的问题，提早行动，相当于建立了一个风险预警机制。对企业管理层来说，如果他们认识到需要增加风险信息的披露，可以激励他们提高风险管理能力，因为他们不希望被认为在这方面逊色于其他企业。由此，各企业的风险管理能力上升，减少了系统性风险，使行业更加稳定。这种激励作用是政府监管所不能比拟的。

但实际中市场约束效应的发挥受到多方限制。曹廷求和张光利（2011）发现，在制度环境差、政府干预强的地区，市场约束能力消失。风险信息披露是市场约束的起点，其质量将严重影响上述效应的发挥。如前所述，企业应积极主动披露信息，但如果没有统一标准，企业可能仅披露对自己有利的信息，而且相互之间信息不可比，一方面会增加市场参与者的鉴别难度，另一方面可能导致市场参与者作出错误的决策，造成逆向选择。此时，市场约束力量需要监管力量的帮助。监管部门通过制定统一的信息披露标准，可以提高信息披露的透明度。市场约束效应还取决于市场参与者对风险信息的敏感程度和对企业管理层决策的影响能力。通常，投资者的约束力量较弱，单一主体既无力也无心监督企业的经营状况。而投资者由于对风险的偏好不同，影响程度不一。中小股东对经营方针的影响力较小，而大股东特别是机构投资者有能力对风险信息进行专业评估，并能对企业经营产生重大影响，但他们对风险的容忍程度较高，为追求高收益不惜使中小股东的利益受到损害。债权人中，次级债券持有人对风险信息最为敏感，并且可以通过对债券收益率的预期影响管理层决策。

二、政府监管与风险信息披露

历史经验证明，单靠市场力量的监管往往无法有效控制企业风险。其一，中国资本市场以中小散户占主导，相比于国外机构投资者占主导的成熟市场，投资者监管能力较弱。其二，中国上市公司股权结构较为集中，大股东对公司信息需求和监督动机不足，相比之下，国外分散的股权结构环境下，投资者通过公司信息披露缓解信息不对称，因而对信息披露质量的要求也更高，给上市公司施加披露压力。其三，中国政府监管的力量较强，市场监管的力量往往受到约束而无法有效地发挥。根据以上分析，中国政府监管的力量是市场监管强有力的支撑和补充，而市场约束则为政府监管提供更及时的信息，弥补政府监管的滞后性并抑制道德风险。

对于年报风险信息披露，由于存在严重的代理冲突，总体而言市场约束发挥的作用有限。而监管机构通过制定一套风险信息披露的规定，强制要求公司对外信息披露，能更有效地促进公司的风险信息披露行为，并增加信息的可比性及一致性。从而市场参与者能够对公司风险概况和资本水平有初步了解，进而促进市场约束力的进一步提升。因此，需要一套更加完善的风险信息披露制度来强化市场约束作用。

第三节 经济学供求理论

一、从经济学角度看风险信息的需求

经济学上的需求是指人们在一定的时期内，在某一个价格水平上，愿意购买和能够购买的商品数量。信息也是一种商品，因为一方面公司信息需要经过搜集、加工、整理后才能对外披露，可以理解为一种劳动产品；另一方面信息也是可以用于交换的，可以理解为公司将加工整理后的信息公开披露出来，从而换取如融资等利益。商品的需求数量随着价格的增加是逐渐下降的，若把信息视为一种商品，那么信息的需求同样是随着价格的增加逐渐下降的。这里的价格可以理解为信息使用者因获得信息所要支付的价格或从中获得的投资收益。信息使用者为获得高质量信息所支付的价格（或代价）越低、获得的收益越高，对信息的需求量就越大。

对信息的需求实际可以理解为，一方面指人们是否愿意取得这些信息，即这些信息的获得是否有益于信息使用者作决策，若信息本身是虚假的或者是没用的，投资者当然不愿意获得这样的信息；另一方面指人们能否取得所需的或有用的信息，以及能获得多少信息。只要取得信息的收益大于成本，人们会尽可能地搜集有用的信息。但往往不同的使用者获取信息的途径不同、分析工具不同，从而获得的有用信息量也有所不同。结合这两个方面考虑，信息需求又可以细分为三个问题：谁需要信息、需要什么信息、需要多少信息。

第一，谁需要公司披露信息，即信息需求的主体。并不是所有人都需要会计信息，也并非每个人都愿意花时间去研究和分析它，只有那些与之有经济利益联系的主体，才会关心和分析企业的会计报告，了解企业的会计信息及相关的信息。在这些需求者之中，有的使用者并不具备相关的专业知识和数据分析能力，他们通常不需要依据公司披露的财务报告、财务数据、行业动态等作决策，他们有的凭着感觉买入卖出股票，有的只是跟着庄家采取行动，还有的根据内幕消息作决策。这些人实际上属于投机者，他们不关心公司的财务状况、经营成果、治理结构以及公司长远的发展。总而言之，他们不是公司披露信息的有效需求者。

第二，信息使用者需要什么信息，即信息需求的客体。这是从信息需求者的角度出发，来看他们究竟需要什么信息。这也包括公司信息披露的质量问题，如果难以确定公司披露信息的真实性，理性的投资者不会选择使用这些信息。

第三，信息使用者需要多少信息，信息对使用者来说不是越多越好，信息使用者总是在成本效益原则下尽可能多地获得对决策有用的信息。本书重点分析信息需求的主体。

公司风险信息的需求主体主要有：现有和潜在的投资者、债权人、供应商、客户、政府有关部门和公众。不同的风险信息需求主体所需要的公司风险信息侧重点是不同的，如投资者侧重关注公司的盈利能力及股利分配方面的风险信息；债权人侧重关注公司偿债能力方面的信息；政府侧重关注公司纳税真实性；企业的职工更关注与其切身利益息息相关的风险信息，如公司盈利水平提高能提高职工的福利待遇等；企业内部管理者既是公司信息的提供主体，也是公司风险信息的需求主体，他们需要掌握公司所有的风险信息，包括各种财务和非财务风险信息，以作为其经营决策的依据。

由于风险信息主体的多元化及其差异性，究竟应该考虑全部风险信息使用者的所有需求，还是有所侧重地考虑部分使用者的需求？在成本效益的原则下，公司现阶段不可能考虑全部风险信息使用者的所有需求，只能侧重考虑部分风险信息使用者——投资者和债权人的需求。事实上，不同的风险信息需求主体对公司的风险信息需求也有重合的部分，有的公司风险信息是大多数风险信息使用者所共同关心的。投资者和债权人的需求基本上包括了其他风险信息使用者的需求。这样，投资者和债权人的需求得到了满足，其他利益相关者的需求基本也可以满足。那么中国上市公司的投资者和债权人对公司风险信息需求的状况如何呢？中国的债权人并非真正意义上的市场主体债权人，其中债务人风险信息披露的有效需求是不足的。中国的投资者对公司风险信息披露有效需求不足，大股东不是公司风险信息的有效需求主体，持非流通股的小股东也不是公司风险信息需求的有效主体，机构投资者才是公司风险信息真正的需求主体。

二、从经济学角度看风险信息的供给

一方面，中国资本市场上会计信息失真的现象比较严重。上市公司出于经营管理的目的，如保持配股融资资格、提高股票发行价格等，采取粉饰财务状况和经营成果的方法，蓄意歪曲或不愿披露详细、真实的风险信息。同时，对披露虚假信息的上市公司处罚力度不大。正是在这种违法利益大大高于违法成本的驱动下，许多上市公司肆无忌惮地披露虚假的会计信息。另一方面，中国资本市场上的中小投资者对财务报告的分析和理解能力较差，他们对会计信息相关性的需求明显较低。个人投资者和机构投资者认为与上市公司披露的会计风险信息的相关性（即与投资者投资决策是否相关）相比，可靠性显得更重要。

但是中国的机构投资者正在不断壮大，目前公开披露的会计信息含量越来越不能满足他们的决策需要。会计风险信息的供给也主要是为这些机构投资者而不是为广大中小投资者服务的。由于财务报表本身的局限性，单一的财务报表所提供的风险信息也越来越不能满足使用者的决策需要。因此，财务报告的质量既取决于财务报表的质量，也取决于表外信息披露的质量。信息披露不足主要是指某些上市公司披露出来的会计信息形同虚设，没有实质性内容，或者根本没有披露有关会计风险信息。信息披露不足可以分为两个方面：一方面是指信息披露规范中对一些信息使用者决策有用的风险信息没有要求披露；另一方面是指虽然信息披露规范要求披露某些风险信息，但上市公司实际上没按规定披露。

目前，中国上市公司信息披露不足主要包括以下两个原因：

第一，上市公司对要求披露的公司治理信息"形式重于实质"。尽管上市公司都在财务报告中用单独篇幅谈公司治理问题，但大多数上市公司仅仅局限于形式，真正涉及实质性内容的很少。从年报中反映出来的公司治理披露来看，一个显著的特点就是千篇一律，形式要远远"重于"其实质内容。也就是说，投资者从上市公司增加的治理信息披露中难以获得新的、有用的风险信息。

第二，对重大事件往往报喜不报忧。根据《中华人民共和国证券法》（以下简称《证券法》）规定，发生可能对上市公司股票价格产生较大影响，而投资者尚未得知的重大事件时，上市公司应提交临时性风险提示报告，并予以公告，说明事件实质，并明确了 11 种重大事件。但事实上，对这 11 种重大事件中的某些事件，上市公司几乎很少主动履行披露义务。

|第二章||
文献综述

对投资者而言，任何投资决策均需权衡风险与收益，风险较大时投资者将提高盈利预期（Hollisas et al.，2009；Riedl and Serafeim，2011），甚至放弃投资（张继勋、周冉与孙鹏，2011）。大部分研究表明，企业风险与融资成本负相关。例如，吴世农与许年行（2004）研究发现，中国股市中高实账比和小规模的股票所获得的高收益正是对所投资公司本身高风险的一种补偿。Hollisas et al.（2009）研究发现，风险缺陷越多，公司风险越大，公司财务报告可信度越低，投资者面临的信息风险越高，权益资金成本越高。

披露风险信息能让投资者更直观地感知风险，Riedl and Serafeim（2011）研究发现，不同层级的金融工具公允价值的信息披露，呈现不同的信息风险，信息风险越大，资本成本越高，而且分析师跟随越少、偏差越大，这种效应越强。针对同一公司，由于信息收集能力和理解能力的差异，不同类型投资者对风险的识别能力不同，非专业投资者对披露实质性内控缺陷公司的风险认知水平更高（Jacob et al.，2010）。

从研究方法上看，现有风险信息披露的文献大致可以分为两类：一类是以文本分析方法衡量公司风险信息披露，主要集中在 2005 年 SEC 强制要求公司进行风险因素披露之后；另一类则是以其他指标代替公司风险信息披露状况，例如，公司的内控缺陷披露情况、风险详细程度、风险评级等，这一类研究主要从以下三个方面展开。

第一节　风险信息披露质量评价文献综述

Lajili and Zeghal（2005）通过分析 300 家在加拿大证券交易所上市的企业管理层讨论与分析（Management's Discussion and Analysis，MD&A）发现，年报风险的自愿披露信息含量不足、不够深入也没有特定性。Beattie（2004）通过在三个行业风险信息披露的广泛研究，分析了 27 家样本公司在年度报告中提供的与风险有关的信息，发现风险预测信息和定量分析较少。Lajili and Zéghal（2005）和 Michael（2008）以含有风险信息的词、句或段落的出现频率来衡量风险信息的披露水平。通过 Uncertainty 或 Risk 等词语来甄别风险信息。为了使数据更加真实完整，选取字词和语句相结合来计量风险信息。Oliveira et al.（2011）评估了 1090 家葡萄牙信贷机构的风险信息披露，指出这些机构披露的相关信息缺乏可比性，定量披露与定性披露的错位还影响了信息的可理解性。

李胜利（2002）指出定量分析可以直观地以数字形式反映上市公司的风险暴露程度，有利于信息使用者对公司价值作出正确判断。张苏彤和周虹（2003）对四家上市银行的风险信息披露状况进行案例分析。李慧萍（2005）通过对中国风险信息披露制度演进和四家上市银行 2000 年的信贷资产及信用风险信息披露情况的具体分析，揭示了信用风险信息披露制度存在的缺陷和四家上市银行在披露中存在的问题，并提出了简要的政策建议。贾炜莹（2007）选取 31 家物流上市公司作为样本，以其披露的风险信息为研究对象，对中国物流上市公司风险信息披露的现状进行了分析，并提出了相应的建议。刘晓楠（2010）基于会计报告附注信息是年度报告的重要组成部分，采用内容分析报告文字部分的风险信息对会计报表数字信息的解释说明作用，得出中国目前年报文字风险信息对会计报表数字风险信息有解释说明作用但并不充分的现状，提出在保证会计报表主表提供信息的基础上加强年度报告文字部分风险信息对年报数字风险信息的说明作用。杜莉和戴倩倩（2010）发现上市公司风险分类不统一、披露形式简单且详略悬殊，在揭示风险产生的原因和可能产生的影响时，多采用模糊用语。单荣（2010）以次贷危机来研究金融衍生工具的风险信息披露问题，并就基础资产披露和客观评价信用增级两个方面做了进一步的探讨。

葛夏晴（2012）设计了商业银行风险信息披露的标准以及风险信息合规披露指数和自愿披露比率，分别考察风险信息披露规范的执行力度以及自愿披露水平。黄方亮等（2013）运用主成分分析法，从发行人在其招股说明书中所披露的众多风险因素中筛选出主要风险因素，为投资者对拟上市公司的股票价值进行评估提供重要依据。他们以 2011 年 IPO 招股说明书为样本，统计出招股书中所披露的各种风险，并根据有关公司行业分类标准，对样本公司进行了行业分类，针对不同行业所披露的风险因素分别进行了降维处理，提取出少数具有代表性的风险因素。汪海粟和白江涛（2013）选择中国创业板市场为研究对象，发现创业板上市公司的风险信息披露存在信息收集处理规范性不强、披露内容缺乏现实指导性意义等问题，提出统一风险信息披露要素口径、规范量化披露对象、建立企业风险自我识别模式等系列应对建议。孙从吾（2014）对新股发行招股说明书中风险信息披露进行多案例分析。齐鲁（2014）构建了相对完善的词汇体系，获得研究数据，对主板市场和中小板市场的 472 只股票进行实证分析，验证假设是否成立，并根据研究结果，提出规范中国招股说明书风险信息披露的建议。

曾雪云等（2014）分析了中国上市公司风险管理机构设置与信息披露现状及改进建议。杜莉和戴倩倩（2010）以 2007 年上证 180 指数成分公司为研究样本，运用内容分析法分析中国上市公司年度报告中描述性风险信息的披露情况，以风险语句字数作为风险信息披露详尽度的代理变量，检验描述性风险信息披露的影响因素。张曾莲和段晓彦（2015）以上市公司年度报告中披露的风险信息为研究对象，通过关键词识别各类风险，考察了 2011 年中国 A 股制造业上市公司风险信息披露的状况，发现样本公司风险信息披露基本可以反映公司风险状况，企业在风险信息披露中关注外部风险多于内部风险。

第二节　风险信息披露影响因素文献综述

公司披露风险信息除了受到公司特征、行业特征、信息环境等一般性公司信息披露的因素影响外，由于风险信息的特殊性，还可能受到其他特殊因素的影响。已有研究表明，公司规模（Linsley and Shrives，2005）、董事会独立性（Oliveira et al.，2011）、信息环境、机构投资者（杜莉和戴倩倩，2010）、行业特性等都在一定程度上影响上市公司风险信息披露的质量。Shrive and Reber（2003）发现监管职能对提升风险信息披露质量会产生促进作用。

Linsley and Shrives（2005）认为因涉及商业机密所以董事不愿披露风险信息，并且不愿意提供尚未规避风险措施的前瞻性风险信息。Dobler（2008）利用选择性披露理论和廉价沟通模型，发现管理层不披露风险信息可能是由于没有可披露的风险，或出于谨慎不愿意披露未经证实的风险信息，或者由于风险信息披露的成本较高。Rajab（2009）研究了英国52家上市公司1998~2004年的风险信息披露实践，发现由于会计法规和会计机构建设影响，风险信息量在这期间呈增长趋势。Nelson and Pritchard（2016）研究了公司潜在的诉讼风险能否影响公司自愿披露风险信息的行为。以风险因素段落的字数占报告总字数的比重作为风险的衡量指标，研究发现，诉讼风险越大的公司披露的风险因素更多、模板性的风险越小、披露风险的可读性越强。Nelson and Rupar（2011）检验了风险信息披露中数字信息的披露形式是否会引起投资者感知的不同。此外，进一步检验了如果投资者知道管理层会对披露形式进行策略性选择且投资者有察觉此种意图的能力时，是否会减弱此种影响。使用两组实验的方法来模拟实际的披露状况，检验当公司面临亏损时，投资者是对绝对数值更加敏感还是对百分比形式的数值更敏感。研究发现，投资者对于数值形式的亏损信息会给予风险更大的评价，而对于百分比形式的亏损信息，则相对而言给予更小的风险评价。然而，当投资者意识到公司的有意操控行为且有能

力去识别时，这种关系会减弱。陈韵宇、林东杰、熊小林
（2014）手工搜集了 2005~2012 年共 7951 个样本的风险信息披露
数据，探讨内部控制是否有助于提高企业风险信息披露质量。
结果表明，有效的内部控制有助于提高公司风险信息披露质量。
Brown et al.（2015）探究了风险信息披露的学习效应，发现如果
SEC 对行业领导企业、竞争对手企业、行业中的大部分企业、
同一审计师审计这几类企业的强制风险信息披露状况进行评价，
那么其余的上市公司也会受到这些评论的影响，从而做出相应
的改进。

第三节　风险信息披露经济后果文献综述

一、风险信息披露与投资者风险识别

披露风险信息能让投资者更直观地感知风险，风险较大时
投资者会提高盈利预期甚至放弃投资。Hollisas et al.（2009）研
究发现，风险缺陷越多，公司风险越大，公司财务报告可信度
越低，投资者面临的信息风险越高，权益资金成本越高。Riedl
and Serafeim（2011）研究发现，不同层级的金融工具公允价值
的信息披露，呈现不同的信息风险，信息风险越大，资本成本
越高，而且分析师跟随人数越少、偏差越大，这种效应越强。
张继勋、周冉与孙鹏（2011）研究发现，上市公司详细披露内
控，能明显降低投资者感知的重大错报风险，提高投资者的投

资可能性。

公司披露风险信息一方面有助于缓解信息不对称，增加股票流动性；另一方面，披露更多风险，会增加投资者风险感知力和风险意识，导致公司股价的波动。因此，管理层会在成本和收益间进行权衡，并倾向于采取策略性披露方式，使披露的风险因素与公司实际面临的风险状况不符。基于此，大量的研究尝试从不同的角度，构造不同的指标考察风险信息披露的有效性及其经济后果。在 Li（2006）之前，Rajgopal（1999）就以手工搜集方式对报告中披露的市场风险信息进行提取风险，他检验了 1997 年 SEC 颁布了要求披露公司市场风险的规定后，公司披露的市场风险信息的有用性。研究发现，披露的市场风险与公司股价对石油天然气价格的敏感性呈现正相关关系，说明披露的风险能够预测实际的市场风险。Kravet and Muslu（2013）使用了类似 Li（2006）的方法，统计了带有"风险"词汇的语句，用"风险"句子数量在前后年度间的变动作为风险信息披露的衡量依据，考察了投资者对于年报风险信息披露的感知能力。研究发现，风险语句频率的变化值与未来股票回报波动性、3 天窗口期的异常交易量和分析师预测修正偏差呈正相关关系。并发现当企业披露的风险水平超过行业均值时，相关性减弱，说明企业披露的大部分信息属于模板式信息，企业自身特质信息披露较少。Campbell（2014）、Hope et al.（2016）研究了年报中强制要求披露的"风险因素"段落的风险信息含量。他们进一步对风险因素的类别和特质性进行了研究，风险种类和特质性与公司面临风险相关，也会影响市场表现。表明披露的风险能体现公司实际面临的风险。此外，研究还发现投资者会将披露的风险信息纳入股价，引起股价的反应。Fanning（2014）通过实验的方法检验了风险信息披露门槛的降低是否会对投资者的风险感知能力产生影响。具体而言，当风险信息披露门槛降低后，披露的风险数量增多，一方面，发生概率低的风险会冲淡发生概率高的风险。另一方面，管理层会利用增加的披露，通过对低概率风险的披露来隐藏高概率风险。研究发现，对业绩有定向目标的人，其风险感知能力更不容易被风险信息披露降低后低概率风险冲淡；且短期投资者最容易受到管理层进行披露策略管理的影响，短期投资者需要较大程度地考虑风险，因此对他们的影响最大。Filzen（2015）分别检验"风险""不确定性"两种披露的变化对公司政策调整时间的影响，研究发现管理层会对披露的"风险"做出政策调整，而对披露的"不确定性"做出"等候观望"，规模小、非盈利、信用风险高的公司对风险和不确定性更敏感，"风险"和"不确定性"增加时会比降低时对公司政策的影响更大。Elliott et al.（2015）将报告中的风险相关词汇进行提取，以风险词汇数量占比作为公司风险衡量指标，检验了信息披露风险与公司政策之间的相关性。研究表明，披露风险的增加可以解释公司在负债率、投资、研发、雇员、股利政策、现金持有和股票购买等财务政策方面的下降。此外，这些财务政策的变更对公司规模、盈利能力、信用评级等方面也具有敏感性。以文本方式衡量的风险在检验对公司政策的影响方面更加稳健，也更具有持续的说服力，并且与公司财务方面的理论及该领域的调查研究结论也更一致。

Hodder et al.（2008）将风险信息披露范围扩展到 MD&A 和报表附注，使投资者对收集信息作出适当的风险评估。Linsley and Shrives（2005）分析伦敦证交所 82 家企业的 MD&A 中风险信息披露，没发现与 β 存在相关性。

司端军（2014）用 355 家创业板上市公司 2009~2012 年的数据研究了创业板上市公司上市时公告的招股说明书和之后每年年报中披露的风险信息的质量，检验这些披露的风险信息是否影响了投资者进行投资决策。研究使用了 5 个代理变量衡量风险信息披露强度：风险信息披露篇幅、风险信息披露种类、风险信息披露数量、风险信息披露形式、风险信息披露策略。黄方亮、齐鲁、赵国庆（2015）考察了新股发行招股说明书中所披露的风险因素的隐性内容，检验其中是否存在轻描淡写或陈述不足的倾向，即对其进行意向分析，可判断风险信息披露的"言外之意"。对中国新股发行风险信息披露进行意向分析的结果表明，风险因素的内容明显具有乐观性、高估性的"误导"倾向，投资者无法依据风险信息披露所表达出的意向来预测发行人的盈利能力和后市表现。新股发行信息披露文件应强调实质风险因素的披露；要构建投资者监督机制，形成新股发行信息披露的强大社会监督群体。

二、风险信息披露与信息中介风险识别

分析师风险评估是分析师研究报告的一部分，NYSE472 规则以及 NASD2210 规则明确要求财务分析师报告必须说明价值评估模型以及有关风险讨论的内容。Demirakos et al.（2004）研究发现，Residual Income Valuation（RIV）、Discounted Cash Flow（DCF）以及 Price-Earnings（PE）是常用的模型，分析师在预测时不仅需要预测未来现金流量信息，还需要预测有关风险的信息。风险信息披露必然影响分析师对风险的感知进而影响其预测。经验证据也证实了这一点。Lui et al.（2012）研究发现，风

险评级变化诱发了额外的市场反应，进而诱发价值评估风险。Panaretou（2014）研究发现，高质量的衍生金融工具使用情况的信息披露与风险管理有助于降低信息不对称程度，具体而言，IFRS 实施后，衍生金融工具的使用与分析师偏差与分散度负相关，而且那些持有与对冲政策不吻合的衍生金融品的企业的分析师预测准确度更低。

审计必须以风险基础为导向，必须建立在对商业流程的风险以及公司风险有详细了解的基础上（AICPA，2012；Bell et al.，2005；IAASB，2012；Knechel，2007；Knechel et al.，2010；PCAOB，2012）。根据审计风险理论，审计风险包含了可控风险和不可控风险，其中可控风险指的是注册会计师实施实质性测试的检查风险，而不可控风险则是公司本身风险水平和控制风险，这部分需要注册会计师进行评估。会计师事务所通常对审计风险有主导权。公司风险管理水平越高，审计风险越低（Baxter et al.，2013）。当公司固有风险增加时，审计师必须加大审计投入、执行更多审计程序（Doyle et al.，2007；Krishnan and Visvanathan，2009），与此同时，也会要求被审计单位注重会计稳健性选择审计对象（Johnstone and Bedard，2003），或者强制要求客户保持会计稳健性、发表非标意见（李春涛等，2006）、退出审计契约（Krishnan and Krishnan，1997；Krishnan et al.，2007）以及提高审计费用（Johnstone，2000）。Krishnan et al.（2013）研究发现，当审计客户具有向上盈余管理风险时，事务所将提高审计收费，甚至不再提供审计服务。

三、研究评述与研究思路

基于以上文献可以发现，信息披露对资本市场和债务市场影响的研究几乎围绕提高信息透明度、降低信息不对称效应展开，得到的结论也几乎一致，即信息披露降低了信息不对称，并降低了股价崩盘风险，减少了债券信用利差。然而，鲜有文献研究信息披露提高投资者风险预判水平，从而引发市场波动，降低市场稳定性。

此外，虽然在新技术的帮助下，国外的定性信息披露研究已经取得了不少成果，但在指标的构建、文本提取技术运用的合理性等方面仍存在许多问题，尤其是年度报告风险信息披露研究领域仍有进一步完善的空间。而中国基于文本分析方法的研究尚处于探索阶段。由于中国与国外信息披露规范和语言文字的差异，国外成熟的技术无法直接应用于中国研究，况且目前仍存在较多困难和问题，例如，披露格式不规范、缺乏专门词典和语料库等。这些问题的存在，使得研究仍然有进一步探索的必要。

综观已有文献，国外用文本分析法对风险信息披露的研究一般侧重在年报的某一特定部分（如年报中 Item 1A 或者 MD&A），而没有全面地对报告中的风险信息披露内容进行分析。风险信息披露指标的计算大多比较粗略，用风险语句或风险词汇出现的总数、句子或词语的长度（Hope et al., 2014），总的风险语句与行业平均的差（Kravet and Muslu, 2013），用数学方法计算风险语句和词汇较上年变动（Brown and Tucker, 2011）或将风险简单分类（Campbell, 2014）。研究内容上，现有文献多侧重于风险信息披露的影响因素（如规模、公司治理水平、经营情况、分析师跟踪等），检验风险信息的真实性、可靠性（如财务指标的相关性、市场回报率），市场参与者对风险信息的识别（如分析师准确性、市场反应、市场波动性）的研究，无论是指标的选取还是内容的分析，都没有将公司披露的风险信息中特殊的、更富信息含量且能体现公司特殊行为和意图的部分凸显出来。中国使用文本分析研究风险信息披露文献较少，质量也不高，多是简单模仿国外文献做法，使用的数据量相对较少，研究内容多侧重于统计披露的风险信息的类别，简单地检验风险信息与企业经营情况的相关性。因此，仍然有较大的进一步研究的空间。

| 第三章 |

中国年报风险信息披露制度与实践

第一节　中国年报风险信息披露制度规定

风险信息披露主要是指上市公司通过招股说明书、定期报告和临时报告等形式，向投资者和社会公众公开披露与公司风险相关信息的行为。在中国，上市公司年报信息披露规范一般可以分为以下四个层次：第一层是基本的法律法规，如《中华人民共和国证券法》；第二层是中国证监会制定的制度规范；第三层是证券交易所制定的规则，如《上海证券交易所股票上市规则》，公司根据规则指示进行披露；第四层是由中国证监会颁布的指引文件。中国与风险信息披露相关的披露规范主要有：中国证监会于 2003 年首次发布的《公开发行证券的公司信息披露内容与格式准则第 1 号——招股说明书》、中国证监会从 2007 年至今多次修订的《公开发行证券的公司信息披露内容与格式准则第 2 号——年度报告》、中国证监会于 2006 年发布的《公开发行证券的公司信息披露内容与格式准则第 11 号（上市公司公开发行证券募集说明书)》。对于企业而言，这些准则和规定都具有强制意义，必须严格按照要求进行如实披露。表 3-1 列示了上市公司风险信息披露指导和规范的准则。

通过表 3-1 可知，中国上市公司披露的风险信息主要集中在招股说明书、定期报告和临时报告中，披露的内容较为有限。对于招股说明书、公开发行募集说明书中披露的风险信息虽然内容丰富，但随着时间的推移，已不再适用于长期决策和分析。临时报告中的风险提示，仅披露即将发生或已经发生的某一重大风险因素，主要针对紧急而重大的风险，缺乏对公司整体风险状况的分析。而年报中的风险披露信息则是持续对公司面临的所有风险因素进行分析，可弥补其他披露形式的不足。由此可见其对于投资者了解公司风险状况、评估公司价值的重要意义。因此，本书的研究基于年度报告中披露的风险信息。

根据准则要求，在中国上市公司年报中有两个主要描述风险因素的部分：未来风险因素段落和重大风险提示段落。在 2007 年的《公开发行证券的公司信息披露内容与格式准则第 2 号——年度报告》中，要求遵循"关联性原则和重要性原则"在董事会报告中披露可能对公司未来发展战略和经营目标的实现产生不利影响的风险因素。而在 2012 年的《公开发行证券的公司信息披露内容与格式准则第 2 号——年度报告》中则新增了要求遵循"重要性原则"披露可能对公司未来发展战略和经营目标的实现产生不利影响的重大风险。可见，两个位置所要求披露的公司风险信息侧重点不同，而"重大风险提示"要求披露的风险更加关键和紧要。

表 3-1 上市公司风险信息披露指导和规范的准则

准则名称	首发年份	披露形式	披露内容
《上海证券交易所股票上市规则》	1998	单独披露风险提示公告	上市公司出现下列使公司面临重大风险情形之一的，应当及时向本所报告并披露： 1. 发生重大亏损或者遭受重大损失； 2. 发生重大债务，未清偿到期重大债务或者重大债权到期未获清偿； 3. 可能依法承担的重大违约责任或者大额赔偿责任； 4. 计提大额资产减值准备； 5. 公司决定解散或者被依法强制解散； 6. 主要债务人出现资不抵债或者进入破产程序、上市公司对相应债权未提取足额坏账准备； 7. 主要资产被查封、扣押、冻结或者被抵押、质押； 8. 全部或者主要业务陷入停顿； 9. 公司因涉嫌违法违规被有权机关调查或者受到重大行政、刑事处罚； 10. 公司董事、监事和高级管理人员因涉嫌违法违规被有权机关采取强制措施而无法履行职责，或者因其他原因无法正常履行职责达到三个月以上的； 11. 本所或者公司认定的其他重大风险情况。 当公司发生影响其核心竞争力、公司治理、衍生品等重大风险事项时，也应当及时披露风险提示公告
《深圳证券交易所股票上市规则》	1998	同上	同上
《创业板上市规则》	2009	同上	同上
《公开发行证券的公司信息披露内容与格式准则 第 1 号——招股说明书》	2003	《招股说明书》中"风险因素"一节	第四节风险因素中规定："发行人应当遵循重要性原则，按顺序披露可能直接或间接对发行人自身的生产经营状况、财务状况和持续盈利能力产生重大不利影响的所有因素。发行人应针对所披露的风险因素做定量分析。具体地描述相关风险因素。发行人应对所披露因素做出定性的描述，无法针对性地作出定量分析的，应进行定量分析，充分、准确。有关针对财务状况、财务状况和持续盈利能力严重不利影响的，应作'重大事项提示'。"

续表

准则名称	首发年份	披露形式	披露内容
《公平发行证券的公司信息披露内容与格式准则第2号——年度报告》	2007	《年度报告》"董事会报告"中未来面临的风险因素	第四节第28条规定："公司应当针对自身特点，遵循关联性原则和重要性原则披露可能对公司未来发展战略和经营目标实现的实质不利影响的风险因素（例如政策性风险、行业特有风险、业务模式及供应风险、经营风险、环保风险、财务风险、汇率风险、利率风险、产品价格风险、技术风险、原材料价格及供应风险、单一客户依赖风险，以及因设备或技术升级换代、核心技术人员辞职、特许经营权丧失等导致公司核心竞争能力受到严重影响等），披露的内容应当充分准确、具体，应当尽量采取定量的方式分析各风险因素对公司当期及未来经营业绩的影响，并介绍已经或计划采取的应对措施。
	2012	《年度报告》中新增"重大风险提示"一节	第十六条指出："公司应当在年度报告目录后单独刊登重大风险提示。公司对风险因素的描述应当围绕公司的经营状况，遵循重要性原则披露可能对公司未来发展战略和经营目标的实现产生不利影响的重大风险，并根据实际情况，披露已经或将要采取的措施。"
《公平发行证券的公司信息披露内容与格式准则第23号——债券募集说明书》	2007	《募集说明书》"风险因素"章节	披露关于业务经营、宏观政策、财务、技术、市场等一系列对公司产生影响的全部因素。其内容与招股说明书中要求基本一致

　　然而，与中国相比，国外的年报风险披露准则要求更加翔实和具体。2005 年，SEC 颁布了 Regulation S-K，对美国年度报告的风险信息披露项目做了详细的规定，是年报中最重要的非财务信息之一，并且每年均对其进行修订和完善。相比之下，中国《公开发行证券的公司信息披露内容与格式准则第 2 号——年度报告的内容与格式（2007 年修订）》中对上市公司风险信息披露的规定仍然较少，而对风险信息披露的要求也不够高。

第二节　年报风险信息披露的度量

　　在风险指标设计方面，前人文献对年报风险信息披露指标的度量主要有以下几种：其一，在年报全文中提取风险及相关词汇出现频数（Li，2010；Filzen，2015）和风险语句数量（Kravet and Muslu，2013）；其二，在年报风险因素段落（Item 1A）中，提取特殊词汇，并构造特质性风险指数（Hope et al.，2016），提取不同风险类型关键词，构造不同类型风险出现的频数（Campbell et al.，2014）。

　　然而，以上风险评价指标存在一定的缺陷和问题，无法直接适用于中国的研究。风险关键词词频和句子，无法很好地区分公司是进行了风险提示或说明风险防范措施，两个方面表达的意思完全相反，故词频和句频无法恰当地反映公司风险水平。而在风险因素段落 Item 1A（相当于中国的"重大风险提示"）中提取关键词构造相应的特质风险指标，能较好地反映公司特质风险披露状况，且可以解决模板式披露的问题，但对于汉语的分析缺乏特质性词库，国外对于风险因素分类的关键词与中国表达存在较大差异，无法直接应用，该方法在中国存在一定的不适用性。

综合以上问题，并结合中国年报风险披露的实际状况，本书拟在前人研究的基础上构建以下指标衡量年报风险信息披露水平：其一，年报全文风险相关词频；其二，风险因素段落语调；其三，风险因素段落与上年相似度；其四，重大风险实质性风险提示。以下将一一介绍这些指标的构建方法和原理。

一、年报全文风险相关词频

前人研究发现，当公司经营存在较大不确定时，往往会采用模糊披露来进行策略性掩盖，例如，财务报告更复杂难懂，负面词汇增多。因此，本书构造风险相关词汇频率，一方面承接已有文献，另一方面也在前人研究基础上进行进一步拓展。参照 McDonald（2011）归纳的风险词典，并根据中国年报风险披露的表达方式，本书整理出了适用于中国年报分析的风险关键词列表。整理方法如下：

首先，将 McDonald（2011）整理出的风险词汇用 Google 翻译，将翻译所得的所有中文词汇整理，并排除与公司风险无关的词汇。其次，将剩下的每个词检索并整理出近义词。再次，人工筛选出与描述公司风险相关的词汇。表 3-2 提供了风险相关词汇。最后，通过计算机语言 Python 编写程序，在年度报告全文中检索所有风险关键词，并统计风险关键词出现的频数，作为衡量公司风险信息披露的指标之一。

表 3-2　风险相关词汇

薄弱	大概	减少	迫使	无法触及	预备
暴露	大可	减速	破产	无法预测	预防
背离	待定	降	曝光	无法预料	预计
变动	怠工	降低	起伏	无力	预料
变更	单一	降职	潜力	无能	预期
变化	低迷	较弱	缺乏	无能力	预言
变弱	敌对	揭露	任意	无限	预知
表面	敌手	谨慎	如果	无形	约计
波动	颠覆	近似	软肋	下挫	越轨
不安	动荡	警惕	弱点	下行	灾祸
不常	动摇	净化	弱项	下滑	灾难
不定	断点	竞争者	丧失	下降	再分摊
不对	对抗	拒绝	骚乱	下坡	再估价
不符	对手	可能	伤害	显然	再解读
不合	多少	可能性	舍弃	相差	再考虑
不及	反常	可想到	设想	相反	再纳税
不精确	反思	可以	慎	相异	再评估
不可	防范	恐怕	失败	想必	再评价
不利	防患	狂暴	失去	想得到	暂定
不良	放慢	困难	失望	向下	暂搁
不明确	非概率	浪费	逆境	消极	暂停
不能	非精确	劣势	十字路	小心	涨落
不确定	风险	临时费	似乎	兴许	争夺
不确切	否定	零星	似是而非	修订	中止
不完全	否决	慢下来	事故	修改	重创
不完整	负	矛盾	试验性	修正	重担
不稳	复查	冒险	是否	削弱	重负
不相信	复审	没把握	受损失	压力	重新
不信	复议	没准	衰退	压迫	转换
不幸	更改	迷惑	肆意	谣传	转型

续表

不严密	更正	迷失	随机	要么	左右
不一致	估计	敏感性	随意	也许	初期
不易	故障	模糊	损害	无法	错误
不应	好像	模棱两可	提前	依赖	粗略
不正确	狐疑	某个时刻	提议	遗失	错过
不准	胡乱	某时	投机	疑惑	错误
不准确	怀疑	某一时	突发	疑问	假定
差不多	坏	拿不准	突然	异常	假设
差错	无常	难点	湍流	异状	假装
差点	混淆	难度	推测	意外	艰难
差距	未履行	犹豫	推断	阴性	减弱
沉溺	或许	难事	退换	隐蔽	有点
澄清	或有费用	难以	危害	隐藏	偶然地
踌躇	或有事项	难以预测	危机	隐患	未决
初步	几乎	能够	危险	应急	平常
偏离	偶尔	有害	未必	有待	有时

二、风险因素段落语调

语调分析也称为情感分析，指的是通过对文本中词汇的语义进行分析，判断文本情感倾向性的过程，其目的是找出文本表述呈现两极的态度。这个态度可能是个人判断或评估，可能是人在当时的情感状态。对于管理层而言，当管理层试图操控财务报表数据，以掩饰公司存在的风险时，相比于财务信息，其在语言描述中的态度，可以提供更有价值的信息。Huang and Zhang（2011）对 Earnings Press Releases（收益新闻稿）进行了情感分析，发现管理层会策略性管理语气语调，且投资者对语气语调管理具有一定的感知能力。

自 2007 年开始，证监会发布的 《公开发行证券的公司信息披露内容与格式准则第 2 号》明确要求，上市公司应当在董事会报告中披露可能对公司未来发展战略和经营目标的实现产生不利影响的所有风险因素。为此，本书用计算机程序提取段落，辅以人工核查的方法，从董事会报告中提取了 2007 年准则所要求披露的未来风险因素段落，并借助 BosonNLP 平台对该段落文字进行语调分析。

前人采取的提取风险关键词的方式，由于无法很好地区分风险相关词汇所表达的公司风险水平或公司所做的风险防范和管控举措，因此存在较大的衡量偏误。而风险因素段落的语气语调分析则可以使这一问题得到改善。情感分析可以判断文字表述的情感倾向性，并进行打分，进而可以对定性的管理层披露信息进行定量的衡量，便于进行前后年度和公司间的比较，以更好地评价公司风险的状况。

由于文本分析的中文应用还处于探索阶段，目前没有权威的统一词典和词库，本书借助 BosonNLP 平台进行中文情感分析。BosonNLP 情感引擎提供了行业领先的篇章级情感分析。基于上百万条社交网络平衡语料和数十万条新闻平衡语料的机器学习模型，结合自主开发的半监督学习技术，正负面情感分析准确度达到 80%~85%。因此通过 BosonNLP 平台，可以取得一段文字中正面词汇和负面词汇的百分比。

三、风险因素段落与上年相似度

Brown and Tucker（2011）以管理层讨论与分析 （MD&A）与上年类似程度来衡量企业 MD&A 披露内容在不同年度的变化

情况。由于年报风险披露信息常常被批评为是模板式信息，如何抓住其中特质性的、变动的部分是指标设计的重点，Brown and Tucker（2011）基于向量空间模型（Vector Space Model）计算的余弦相似度，用于衡量前后两年文本的相似程度即样板化程度，就是很好的借鉴。

为此，本书采用此种方法考察年报风险披露信息与上年的差异。参考其做法，基于向量空间模型通过计算余弦相似度得到当年风险信息披露与上年的差异。差异越大，表明风险信息披露的信息含量越大，非模板式披露。计算方法如下：

首先，需要将两个文本进行分词，并统计出每个文本独特词汇的个数。

其次，构造空间向量模型。

$$v_1 = (w_1, w_2, \cdots, w_{n-1}, w_n) \text{ and } v_2 = (\psi_1, \psi_2, \cdots, \psi_{n-1}, \psi_n) \tag{3-1}$$

式（3-1）中，v_1 为第一个文件中的文件的向量，n 为文件中独特词语的个数。

例如，v_1 中有 2000 个词，这 2000 个词的个数分别为 w_1，w_2，$\cdots$，w_n；而在 v_2 中的个数分别为 ψ_1，ψ_2，$\cdots$，ψ_{n-1}，ψ_n。

最后，通过以下模型，计算两个空间向量的余弦相似度 Sim：

$$\text{Sim} = \cos(\theta) = \frac{v_1}{\|v_1\|} \cdot \frac{v_2}{\|v_2\|} = \frac{v_1 \cdot v_2}{\|v_1\| \|v_2\|} \tag{3-2}$$

在实际操作中，我们通过 Python 中的软件包 Gensim 来进行以上步骤的相似度计算。Gensim 是 Python 的一个自然语言处理库，能够将文档根据 TF-IDF、LDA、LSI 等模型转化成向量模式，以便进行之后步骤的处理。最终，我们得到当年风险因素段落与上年相似度 Similarity。

四、重大风险实质性风险提示

以上指标主要是基于年报全文和董事会报告中的风险因素段落得到的。对于目录之后的"重大风险提示",披露要求类似 Item 1A,但由于实际披露状况不理想,自 2012 年披露准则实施以后,有 57% 的样本没有进行实质性披露,在该部分仅披露"请投资者查阅'第四节 董事会报告'中对风险因素的描述"类似信息。而进行了实质性重大风险提示的公司,其披露的内容通常比较简短,有的甚至几句话带过。因此,并不适合通过计算机程序使用上述文本分析方法进行分析。

为此,本书对"重大风险提示"进行人工阅读和分析。先通过 Python 程序提取出该部分内容,并通过人工同时对比阅读年报中"重大风险提示"与董事会报告风险因素段落,将两个部分披露的风险因素进行对比,按照表 3-3 所列标准将"重大风险提示"信息分为重大风险实质性提示和重大风险非实质性提示,并据此设置实质性风险提示变量 SubstanTip,当风险提示为实质性提示时,取值为 1,否则取值为 0。

表 3-3 重大风险提示分类及分类标准

种类	分类标准	披露样本占比(%)
重大风险实质性提示	风险提示篇幅较长且详细,与董事会报告中风险信息内容有差别,或提醒投资者与董事会报告风险不同	28
重大风险非实质性提示	提醒投资者在下文董事会报告中查阅详细信息,或者风险提示内容与董事会报告中内容相同	62

五、年报风险信息披露信息具体处理步骤

首先，从深交所和上交所下载了所有 A 股上市公司 2007~ 2017 年共十年的年度报告，年度报告格式均为 PDF。然后用 Adobe Acrabat 将其转换为 Txt 格式的文档，以便后续提取。

其次，编写 Python 程序，从年度报告中提取以下两处风险描述段落，其一为年度报告目录之后的"重大风险提示"段落，其二为董事会报告章节下的"公司面临的风险"段落。

对于"重大风险提示"段落提取思路如下：①首先阅读大量年报，整理并总结出段落开头和结尾特点；②编写正则表达式检索，并分别标记出起始位置和终止位置；③将起始位置至终止位置的内容进行提取，储存并增加到 Excel 的一行中。

对于"公司面临的风险"段落提取思路如下：①事先阅读大量年度报告，整理出"董事会报告"章节起始位置、风险段落起始和终止位置的特征，通过这些特征编写可以准确检索到这些位置的正则表达式；②在检索的过程中，先对"董事会报告"章节标题位置进行标记，随后从该标记开始检索"公司面临的风险"段落的起始和终止位置。将搜索范围定位在"董事会报告"章节中，可以最大程度地降低查找偏误；③将起始位置和终止位置的内容进行提取，储存并增加到 Excel 的一行中。

由于本书的原始处理文档为 PDF 格式，提取时需要转为 Txt 格式，转换过程会出现局部乱码的情况，另外，一部分公司还存在披露不规范的问题。因此，提取偏误总会在一定程度上存在。为了降低提取偏误，我们人工抽查了大量程序提取的内容进行复核，并对没有检索到段落起始位置或者终止位置的报告

进行手工提取，以最大程度降低提取偏误。

此外，提取过程中，为保证提取结果不被因 PDF 转换产生的空格、图片乱码和数字干扰，我们将报告中的非中文字符都进行了剔除。

第三节　年报风险披露的信息性质：基于投资者异质信念的检验

年报风险披露究竟是何种性质的信息？信息含量越大，越能降低信息不对称，降低资本成本？还是带来更大的异常波动，增加资本成本，提高投资者风险感知？本节试图对这些问题进行初探。

近年来，随着投资者风险意识提升，对风险信息的需求日益旺盛。证监会自 2007 年开始要求上市公司在年度报告中对公司经营发展具有重要影响的风险因素进行揭示。然而对外揭示公司风险，对管理层自身声誉和职业发展、公司声誉和股价稳定性都有负面影响（Kothari et al.，2009），由于存在代理冲突，管理层倾向于进行风险隐藏。即通过模板式披露以隐藏重要风险因素，或通过重点披露相关性小发生概率小的风险因素掩盖影响重大的风险因素等策略，使风险披露信息有形式而无实质，没有实质信息含量。

为了防止管理层隐藏风险的策略性披露，2012 年开始证监会再次要求上市公司在年报开头的目录后增加披露"重大风险提示"，以重要性为原则，揭示对自身经营和发展具有较大影响

的风险因素。然而，实际披露中"重大风险提示"的披露质量
令人担忧，根据本章第二节的统计可知，大部分公司的"重大
风险提示"并未披露任何有意义的内容。而仅有 29% 的公司根
据准则的"重要性"原则进行了重大风险的实质性提示，其他
公司都没有进行实质性提示。在这种情况下，中国年报风险信
息是否具有信息含量，能否被投资者识别，信息的属性如何，
这些都有待探究。

基于美国市场的少量研究考察了投资者对年报风险信息披
露的感知能力，发现风险词汇频率的变化值与股票回报波动性、
异常交易量和分析师预测修正偏差显著正相关（Kravet and Mus-
lu，2013）。风险信息披露越多，市场反应以及交易量越大，分
析师能更好地估计基础风险（Hope et al.，2016）。然而，一方
面，国外研究虽然检验了年报风险披露的市场效应，但是没有
回答风险披露的信息性质。另一方面，由于中国市场与美国市
场在投资者结构、投资理念及内外部监督机制上的差异，以及
两国年报中风险信息披露状况的差异，针对国外年报的研究方
法和结论对中国市场是否适用，尚未可知。

异质信念导致了股价的高估和反转，并可以解释"特质波
动率之谜"（Miller，1977）。异质信念指的是投资者对证券未来
收益与风险估计的差异，这种差异会影响股票收益。研究发现
当期特质波动率与未来收益负相关（Diether，2002；张峥和刘
力，2006），即异质信念越强，特质波动率越大，市场风险也越
大。异质信念是市场波动风险形成的动因之一。然而大多数研
究着眼于解释在卖空限制的市场中，当期特质波动率与未来收
益负相关关系的形成原因，或异质信念对特质波动率和未来收
益的影响。缺乏对异质信念形成原因的关注。

异质信念的形成依赖于投资者决策，而投资者决策受制于其对信息的分析和获取能力。公司风险信息，是投资者进行投资决策最重要的信息，直接影响投资者的投资收益和股票定价。年报风险信息又是投资者获取公司整体风险状况的一个重要的信息源。因此，对于年报风险信息的理解和认知直接影响了投资者对公司风险感知能力。

年报风险信息披露会引发投资者异质信念增强，提高股价波动率，起到风险预警的作用？抑或是提供更多公司内部信息，降低信息不对称，降低股价波动率，从而起到稳定市场的效用？由于风险信息对投资者风险感知的影响最为直接，而投资者风险感知的差异即为异质信念，因此本书试图检验年报风险信息披露对投资者异质信念的影响，并据此回答风险信息披露是何种性质的信息。

本节以 2007~2017 年沪深 A 股上市公司为研究样本，采用文本分析法对上市公司年报风险信息进行提取，并构建相应衡量指标，检验了年报风险信息披露的信息性质。本书的研究结果发现风险信息披露导致市场异质信念提高，并且重大风险实质性提示、负面语气、风险关键词都与异质信念正相关，而与风险因素段落相似度则负相关。此外，还检验了这些风险因素衡量指标的市场反应，发现除了相似度的系数显著为负外，其他三个变量的回归系数均显著为正。说明投资者会使用年报风险信息，并对年报风险信息产生反应。基于国外的研究，发现了年报风险披露对负的市场有反应，并会提高股价波动率，降低信息不对称。然而并没有回答年报风险披露的信息性质问题。本节首次从投资者异质信念这一最直接的视角探讨了中国上市公司年报风险信息披露的信息性质。

一、理论分析

年报风险披露信息是一种特殊性质的信息。首先，公司的基础风险具有不确定性，容易引发市场恐慌，致使市场参与者对公司的解读出现较大偏差（Gilbert and Vaughan，1998），管理层有动机隐瞒风险以维护自身职业发展（Kothari et al.，2009）。其次，风险信息可能涉及商业机密，专有化成本较高（Dye，1985），管理层有动机隐瞒以避免竞争力削弱。最后，管理层不需要测度风险因素发生概率及其影响程度，监管机构难以有效监管，披露越多越容易受到质疑。因此公司风险信息披露意愿不足。

人们对风险信息性质的认知存在分歧。基于年报风险披露的特殊性，对其信息性质的讨论主要有以下三种观点：无用观、异质观和同质观。无用观认为风险信息披露成本较高，管理层不愿如实披露，因而年报风险信息多为应付监管要求的模板式披露，并无信息含量（Hope et al.，2016）。异质观认为风险信息传达了公司未来经营不确定的不利信号，易引起投资者心理恐慌，导致股价异常波动，流动性下降，肯定了风险披露的信息价值（Kravet and Muslu，2013）。此时披露的多为不可识别风险，异质性较强（Kim and Verrecchia，1991）。同质观认为风险信息披露满足了投资者对公司已知风险因素和突发事件的信息需求，有助于缓解投资者与公司间的信息不对称，降低投资者风险认知偏差，体现了与一般公共信息同质的特性（Nichols and Wieland，2009）。此时披露的多为可识别风险因素，异质性较弱。2012年后中国年报风险信息披露的规定与国外逐渐趋同，然而由于国内外监管环境、治理环境的差异，汉语表达的丰富性及市场发展程度、投资者能力的差异，国外研究结论是否适用于中国仍不得而知，中国年报风险信息披露符合何种观点，尚待探究。

信息披露可能导致投资者认知偏差（付鸣等，2015），投资者偏好和认知偏差是导致股票收益过度波动的原因。Barberis and Huang（2008）发现股票价格过高、特质波动率过大与投资者的"彩票偏好"有关。偏好彩票类股票的投资者对彩票类股票的预期过度乐观，由于卖空限制，这类投资者的预期更容易表达在股价上，因而推动了股票价格的过高。付鸣等（2015）从上市公司财务报表的角度探究了信息质量与特质波动率的联系。Diether and Malloy（2007）、Scherbina（2002）和 Goetzmann and Massa（2005）专门对投资者异质性信念的形成机制进行了探讨，认为投资者对证券未来价格预期的分歧包括先验信念的异质性、后验信念的异质性和信念更新的异质性。Hong et al.（2007）则把投资者异质信念的形成方式总结为渐进信息流、有限注意和先验异质性三种。Hong et al.（2007）则在"渐进信息流"视角下把投资者分为信息观察者（News Watchers）和动量交易者（Momentum Traders），并分析了两种投资者的非完全理性行为对股票价格的影响。另外，Hong et al.（2007）还从"渐进信息流"和"有限注意"的视角对交易动机产生的原因进行了理论分析，认为投资者收到或注意到的信息不同导致了他们对股票价值判断的不同，从而产生不同的交易信念，做出不同的交易决策。

对于年报风险披露这一特殊的信息，其市场效应首先表现在对投资者风险认知的影响上。投资者由于信息获取时间不同，对公司的风险预判不同，年报风险信息对投资者异质信念的影响途径，既可以通过渐进信息流、有限注意，也可以通过先验异质性。

第二节介绍了运用文本分析技术构建的四个风险信息披露的衡量指标，这四个指标分别考察了风险信息披露不同维度的特征。由于每个指标刻画的维度都不同，其影响因素也不一样，对此我们将分别考察其对投资者异质信念的影响。

二、研究设计

（一）样本选择与数据来源

中国年报风险信息披露始于 2007 年，因此本节研究对象为 2007~2017 年年度报告中披露的风险信息。我们利用计算机程序从年报中提取"重大风险提示"和"董事会报告"中的风险因素段落，剔除在提取过程中因为披露格式或披露规范而无法提取的样本，最终得到 21244 个风险信息披露数据。本书其他变量数据均取自 CSMAR 和 Wind 数据库。为避免极端值影响，对所有连续变量进行了上下 1% 的 Winsorize 缩尾处理，对所有回归都控制了行业、年度效应且进行了公司维度的 Cluster 处理。

（二）年报风险信息披露变量定义

本节的研究中，我们同时考察了两个主要风险因素段落的信息含量，构造以下指标来考察年报风险信息披露状况（计算方法在上一节指标构建中进行了详细的说明）：

（1）重大风险实质性提示（SubstanTip）。即通过人工阅读重大风险提示和董事会报告中的风险因素段落，若两个部分中风险项目存在差异，即为重大风险实质性提示，SubstanTip 为 1，否则 SubstanTip 为 0。

（2）风险因素段落语气的悲观程度（Tone_neg）。董事会报告中的风险因素段落中负面词汇数量比段落总词数。

（3）风险因素段落与上年相似度（Similarity）。参照第二节指标构建方法，使用向量空间模型（Vector Space Model）计算当年及上年董事会报告中的风险因素段落的向量余弦，作为相似度的衡量指标。

（4）风险相关关键词出现频数（Keywords）。风险相关关键词参见表 3–2，提取出全文中关键词词频，并取对数。

（三）计量模型

构建方程（3–3）来考察风险信息披露的异质性程度：

$$\text{Heterogenicity}_{i,t} = \beta_0 + \beta_1 \Delta \text{RiskDes}_{i,t} + \beta_2 \text{Direct\_w}_{i,t} + \beta_3 \text{Beta}_{i,t} +$$
$$\beta_4 \text{Size}_{i,t} + \beta_5 \text{Lev}_{i,t} + \beta_6 \text{BTM}_{i,t} + \beta_7 \text{Roa}_{i,t} +$$
$$\beta_8 \text{Gth}_{i,t} + \sum \text{Industry} + \sum \text{Year} + e_{i,t} \qquad (3\text{–}3)$$

在模型（3–3）中被解释变量为异质信念 $\text{Heterogenicity}_{i,t}$，解释变量为风险信息披露变化值 $\Delta \text{RiskDes}_{i,t}$，参照 Garfinkel et al.（2001）等的研究，控制市场（Beta）、公司规模（Size）、负债率（Lev）、账面市值比（BTM）、总资产收益率（ROA）以及销售增长率（Gth）等变量。

异质信念衡量指标包括：其一，买卖价差（Spread）。买卖价差既可以衡量投资者间的信息不对称，也可以反映投资者异质信念的程度。参照熊家财和苏冬蔚（2016）的做法设立买卖价差计算模型（3–4），并计算年报公告后［+1，+251］窗口内的平均买卖价差衡量异质信念。其中 $\text{Spread}_{i,t}$ 为 t 日的买卖价差，$p_{it,d}$ 为股票 i 在 t 年度 d 天的股价，Δ 为差分算子。当 $\text{cov}(\Delta p_{it,d}, \Delta p_{it,d-1}) \geqslant 0$，样本序列相关取值为正时，$\text{Spread}_{i,t}$ 设置为 0。Spread$_{i,t}$ 越大，买卖价差越大，异质信念越强。其二，分析师预测分歧度 Dispersion。参照 Diether et al.（2002）的做法设置模型（3-5）计算分析师预测分歧度用于衡量异质信念，其中 forecastEps 为预测每股收益，actulEps 为实际每股收益，sd 表示标准差。分歧度越大，分析师意见越不统一，投资者异质信念越强。

$$\text{Spread}_{it} = \begin{cases} 2\sqrt{-\text{cov}(\Delta p_{it,d}, \ \Delta p_{it,d-1})}, \ 若 \ \text{cov}(\Delta p_{it,d}, \ \Delta p_{it,d-1}) < 0 \\ 0, \ 若 \ \text{cov}(\Delta p_{it,d}, \ \Delta p_{it,d-1}) \geqslant 0 \end{cases}$$

$$(3-4)$$

$$\text{Dispersion} = \text{sd}(\text{forecastEps}) / (\ |\text{actulEps}| + 0.5) \qquad (3-5)$$

三、实证结果与分析

（一）描述性统计分析

1. 风险披露指标分年度的描述性统计

表 3-4 分年度统计了上市公司风险信息披露的四个衡量变量：重大风险实质性提示（SubstanTip）、风险因素段落语气的悲观程度（Tone-neg）、风险因素段落与上年相似度（Similarity）、风险相关关键词出现频数（Keywords）。由于重大风险提示从 2012 年才开始要求披露，故以前年度设为 0。整体而言，重大风险实质性提示披露数量较少，仅为 17.8%，2013 年披露的数量最多，随着时间的推移，披露数量呈逐渐减少的趋势。风险因素段落语气的悲观程度（Tone-neg）总体均值为 0.646，表明风险因素段落的语气总体倾向于负面，从 2007 年开始，负面语气逐渐增加，直到 2014 年达到最大值 0.892，然后开始降低。风险因素段落与上年相似度（Similarity）总体均值为 0.445，表

明风险因素段落与上年相似度仍然比较高，2016 年相似度达到
最高，为 0.491，2013 年的相似度最低，为 0.398。风险相关关
键词出现频数（Keywords）在取了对数后均值为 6.78，从趋势上
看，自 2007 年以后风险相关关键词词频呈现逐渐上升的趋势，
并于 2016 年达到最高值（由于最终回归数据存在滞后问题，故
风险披露数据为 2007~2016 年）。

表 3-4　风险信息披露分年度统计

Year	N	SubstanTip	Tone_neg	Similarity	Keywords
2007	1397	0	0.420	0.480	6.417
2008	1498	0	0.503	0.483	6.485
2009	1570	0	0.510	0.447	6.610
2010	1925	0	0.525	0.447	6.620
2011	2170	0	0.534	0.439	6.673
2012	2268	0.349	0.575	0.430	6.749
2013	2291	0.343	0.875	0.398	6.814
2014	2486	0.333	0.892	0.421	6.982
2015	2637	0.243	0.778	0.431	6.967
2016	3002	0.246	0.612	0.491	7.032
Total	21244	0.178	0.646	0.445	6.780

2. 风险披露指标分年度分板块的描述性统计

表 3-5 对上市公司风险信息披露的四个衡量变量分别按照
年度和板块进行了统计。这四个衡量变量为：重大风险实质性
提示（SubstanTip）、风险因素段落语气悲观程度（Tone-neg）、
风险因素段落与上年相似度（Similarity）、风险相关关键词出现
频数（Keywords）。

Panel A 列示了重大风险实质性提示（SubstanTip）分年度板
块统计后的结果。不同上市板块之间，从公司数量上看，主板

公司占据了绝大多数，但进行了重大风险实质性提示披露的公司，创业板数量则明显高于中小板，中小板又高于主板数量。创业板公司 2012~2014 年进行实质性风险提示披露的公司超过了 95%，但随后又降低至 66%。整体来看，三个板块的披露状况都是随着时间推移，披露数量逐渐减少。

Panel B 列示了年报风险因素段落语气悲观程度（Tone_neg）分年度板块统计后的结果。整体来看，主板和中小板公司风险因素段落语气悲观程度接近，创业板公司风险因素段落语气悲观程度与其他相比较小。从时间序列上看，主板公司和创业板公司的语气悲观程度呈现"U"形，即 2007 年悲观程度最大，随着时间推移程度逐渐减轻，至 2013 年降至最低后又开始逐渐加重。中小板公司历年间语气变动幅度较小，整体上呈现逐渐减轻的趋势。

Panel C 列示了年报风险因素段落与上年相似度（Similarity）分年度板块统计后的结果。整体来看，中小板和创业板公司相似度最大，而主板公司相似度最小。且可以清晰地看到，以 2013 年为界限，2013 年以前的公司相似度明显小于之后的公司相似度，直至 2016 年相似度又开始回调，当年有较大的降幅。三个板块均显示了先上升后下降的趋势。

Panel D 列示了各年度各板块上市公司年报全文风险相关关键词（Keywords）的分布，从时间趋势看，三个板块均呈现逐年上升的趋势。分板块来看，披露的风险关键词词频三个板块基本接近。

表 3-5　风险信息披露分年度板块统计

Panel A 各年度上市公司年报重大风险实质性提示（SubstanTip）披露情况

年份	主板		中小板		创业板		合计
	披露数量	披露均值	披露数量	披露均值	披露数量	披露均值	披露数量
2012	1284	0.140	649	0.420	336	0.960	2269
2013	1299	0.120	654	0.430	344	0.980	2297
2014	1360	0.110	694	0.400	402	0.990	2456
2015	1472	0.090	711	0.300	454	0.660	2637
2016	1613	0.070	804	0.250	576	0.700	2993

Panel B 各年度上市公司年报风险因素段落语气悲观程度（Tone_neg）披露情况

年份	主板		中小板		创业板		合计
	披露数量	披露均值	披露数量	披露均值	披露数量	披露均值	披露数量
2007	1216	0.480	191	0.480	—	—	1407
2008	1222	0.490	254	0.480	—	—	1476
2009	1241	0.450	307	0.450	36	0.440	1584
2010	1259	0.450	509	0.460	147	0.430	1915
2011	1293	0.430	598	0.470	271	0.410	2162
2012	1284	0.410	649	0.490	336	0.360	2269
2013	1299	0.400	654	0.430	344	0.310	2297
2014	1360	0.430	694	0.460	402	0.350	2456
2015	1472	0.450	711	0.460	454	0.340	2637
2016	1613	0.560	804	0.460	576	0.340	2993

Panel C 各年度上市公司年报风险因素段落与上年相似度（Similarity）披露情况

年份	主板		中小板		创业板		合计
	披露数量	披露均值	披露数量	披露均值	披露数量	披露均值	披露数量
2007	1216	0.400	191	0.570	—	—	1407
2008	1222	0.480	254	0.620	—	—	1476
2009	1241	0.470	307	0.670	36	0.640	1584
2010	1259	0.450	509	0.640	147	0.710	1915
2011	1293	0.440	598	0.650	271	0.730	2162
2012	1284	0.480	649	0.660	336	0.790	2269

续表

Panel C 各年度上市公司年报风险因素段落与上年相似度（Similarity）披露情况

年份	主板		中小板		创业板		合计
	披露数量	披露均值	披露数量	披露均值	披露数量	披露均值	披露数量
2013	1299	0.860	654	0.880	344	0.920	2297
2014	1360	0.890	694	0.910	402	0.860	2456
2015	1472	0.820	711	0.770	454	0.650	2637
2016	1613	0.600	804	0.690	576	0.530	2993

Panel D 各年度上市公司年报全文风险相关关键词（Keywords）披露情况

年份	深证主板与中小板		上证主板		深证创业板		合计
	披露数量	披露均值	披露数量	披露均值	披露数量	披露均值	披露数量
2007	1216	6.430	191	6.350	—	—	1407
2008	1222	6.490	254	6.470	—	—	1476
2009	1241	6.620	307	6.580	36	6.600	1584
2010	1259	6.620	509	6.610	147	6.590	1915
2011	1293	6.670	598	6.680	271	6.660	2162
2012	1284	6.720	649	6.780	336	6.790	2269
2013	1299	6.780	654	6.850	344	6.850	2297
2014	1360	6.990	694	6.980	402	6.970	2456
2015	1472	6.970	711	6.960	454	6.980	2637
2016	1613	7.020	804	7.040	576	7.040	2993

3. 风险披露指标分行业的描述性统计

表3-6是将主要风险披露指标分行业描述性统计后的结果。从行业分布来看，制造业数量最多，有 12674 个样本，其次为批发和零售业，再次为信息传输、软件和信息技术服务业，数量最少的为教育业，仅有 19 个样本。从指标上看，重大风险实质性提示（SubstanTip）披露数量最多的是信息传输、软件和信息技术服务业，其次为科学研究和技术服务业，披露最少的是金融业和房地产业；对于风险因素段落的语气悲观程度（Tone_neg），

采矿业的语气最为负面，其次是制造业，再次是交通运输、仓储和邮政业；对于当年风险段落与上年相似度（Similarity），卫生和社会工作行业相似度最大，而教育业相似度则最小；对于年报中风险关键词频数（Keywords），金融业出现频率最高，其次为建筑业，再次为采矿业，教育业则出现频率最低。

表3-6　风险信息披露分行业统计

行业代码	行业名称	N	SubstanTip	Tone_neg	Similarity	Keywords
A	农、林、牧、渔业	333	0.240	0.500	0.660	6.770
B	采矿业	597	0.110	0.520	0.640	6.790
C	制造业	12674	0.200	0.480	0.660	6.780
D	电力、热力、燃气及水生产和供应业	847	0.080	0.400	0.630	6.740
E	建筑业	559	0.150	0.400	0.690	6.830
F	批发和零售业	1263	0.080	0.420	0.590	6.730
G	交通运输、仓储和邮政业	744	0.080	0.430	0.580	6.730
H	住宿和餐饮业	95	0.150	0.510	0.540	6.700
I	信息传输、软件和信息技术服务业	1177	0.340	0.310	0.680	6.810
J	金融业	473	0.070	0.340	0.590	7.050
K	房地产业	1148	0.070	0.350	0.590	6.730
L	租赁和商务服务业	304	0.180	0.400	0.620	6.790
M	科学研究和技术服务业	127	0.310	0.410	0.740	6.860
N	水利环境和公共设施管理业	233	0.220	0.430	0.580	6.720
P	教育	19	0.000	0.420	0.480	6.620
Q	卫生和社会工作	56	0.180	0.420	0.750	6.790
R	文化、体育和娱乐业	311	0.220	0.410	0.550	6.730
S	综合	219	0.040	0.370	0.580	6.730

4. 主要变量的描述性统计

表 3-7 为主要变量的描述性统计。数据显示：Tone_neg 均值为 0.45，表明所有风险因素段落中负面词汇比重较大，占 45%，而标准差为 0.32 表明各公司年报的风险信息所显示的语气有较大差异。Keywords 的标准差为 0.29，表明不同公司年报中风险相关词汇的数量也具有较大差异。分析师预测分歧度（Analydisp）均值为 0.22，买卖价差（Spread）均值为 6.46，其他控制变量的均值和方差均与前人研究接近。

表 3-7　主要考察变量和控制变量描述性统计

Variables	N	Mean	sd	p50	Min	Max
Analydisp	21244	0.2200	0.2600	0.1500	0.0000	8.3700
Spread	21244	6.4600	3.4400	3.7300	0.0000	18.110
Similarity	21244	0.6500	0.4200	0.9100	0.0000	1.0000
Tone_neg	21244	0.4500	0.3200	0.4100	0.0000	0.9900
SubstanTip	21244	0.1800	0.3800	0.0000	0.0000	1.0000
Keywords	21244	6.7900	0.2900	6.8000	5.9900	7.4300
Size	21244	22.050	1.1300	22.0100	14.9900	28.400
BTM	21244	0.5000	0.2500	0.4800	0.0700	1.1200
Lev	21244	0.4500	0.2300	0.4500	0.0500	1.1600
ROA	21244	0.2100	0.3900	0.0900	−0.4500	2.3500
Beta	21244	1.0700	0.2400	1.0700	−4.6700	5.8800
AssetG	21244	0.2200	0.5200	0.1400	−0.3500	4.4100
Firstholder	21244	0.3600	0.1500	0.3400	0.0900	0.7600

（二）相关系数分析

表 3-8 为相关系数分析，列示了 Pearson 相关系数，可以看到分析师预测分歧度与买卖价差显著正相关，而两者均是衡量投资者异质信念的指标。表明两个衡量指标具有较强一致性。

表3-8 相关系数分析

	Analydisp	Spread	Simialrity	Tone_neg	SubstanTip	Keywords	Size	BTM	Lev	ROA	Beta	AssetG
Analydisp	1.000											
Spread	0.188***	1.000										
Similarity	-0.001	-0.005	1.000									
Tone_neg	-0.001	-0.036***	-0.013*	1.000								
SubstanTip	0.057***	0.150***	0.081***	-0.069***	1.000							
Keywords	0.046***	0.019***	0.236***	-0.053***	0.224***	1.000						
Size	0.095***	0.111***	0.072***	-0.040***	-0.017***	0.378***	1.000					
BTM	0.055***	-0.312***	0.015**	-0.028***	-0.132***	0.047***	0.070***	1.000				
Lev	0.040***	-0.199***	-0.081***	-0.027***	-0.188***	0.016**	-0.125***	0.399***	1.000			
ROA	0.018**	0.202***	0.014**	0.008	0.082***	-0.076***	0.134***	-0.260***	-0.507***	1.000		
Beta	0.043***	-0.011	0.004	0.013*	-0.01	0.080***	0.058***	0.096***	-0.039***	-0.043***	1.000	
AssetG	0.000	0.081***	-0.007	-0.038***	0.053***	0.020***	-0.050***	-0.133***	0.022***	0.002	-0.025***	1.000
Firstholder	-0.006	-0.018***	0.011*	0.016***	-0.044***	-0.011	0.213***	0.117***	0.011	0.045***	-0.002	-0.023***

注：***、** 和 * 分别代表在1%、5%和10%的水平上显著。

相似度与分析师预测分歧度和买卖价差均为负相关关系，但并不显著，这也可能是由于没有控制其他变量所致。而语气负面程度（Tone-neg）与买卖价差显著负相关，与分析师预测分歧度负相关但不显著。重大风险实质性提示与风险关键词频数则均与分析师预测偏差和买卖价差显著正相关。

（三）风险信息披露与异质信念的检验

表 3-9 列示了风险信息披露与异质信念的回归结果。回归结果显示：重大风险实质性提示、负面语气、风险关键词频数都与异质信念正相关，而相似度则与异质信念负相关，说明风险信息披露后，市场异质信念显著提高，而进行了重大风险实质性提示、风险披露语气越悲观、风险相关关键词数量越少、报告内容相似度越低，异质信念越强。此时，风险信息披露是一种异质性较强的信息，会导致投资者异质信念增强。我们的结论也从另一个角度检验了风险信息披露的价值相关性，发现了其可以提高投资者风险识别能力的证据。

（四）市场反应的检验

表 3-10 列示了风险信息披露与市场反应的回归结果。我们用超额累计异常报酬检验市场对年报风险披露信息的反应。设立风险信息披露的市场反应模型（3-6），其中，被解释变量为市场反应，采用 [-1，+1] 窗口期内累计异常报酬率 CAR，并对在 [-5，15] 窗口内进行了业绩预告、业绩快报、季度报告、增发配股、分红和并购的样本进行了剔除。解释变量为风险信息披露，控制变量参照李常青等（2010）。回归结果显示：①重大风险实质性提示与市场反应在 1% 水平显著负相关。②风险信息披露语气负面程度与市场反应在统计上无显著相关。③风险信息披露语气相似度与市场反应在 1% 水平显著正相关。④风险

表3-9 风险信息披露与异质信念

Variables	Spread (1)	Analydisp (2)	Spread (3)	Analydisp (4)	Spread (5)	Analydisp (6)	Spread (7)	Analydisp (8)
SubstanTip	3.162*** (15.72)	0.050*** (7.78)						
Tone_neg			0.001 (0.13)	0.508*** (3.26)				
Similarity					-0.000 (-0.13)	-1.004*** (-5.76)		
Keywords							0.033*** (3.04)	0.962*** (3.56)
Beta	0.979*** (10.30)	0.024*** (6.26)	0.033*** (12.11)	1.259*** (15.47)	0.034*** (12.36)	1.281*** (15.76)	0.032*** (11.48)	1.213*** (14.94)
Size	-9.402*** (-22.30)	0.089*** (5.19)	0.010 (0.76)	-9.835*** (-28.40)	0.008 (0.62)	-9.879*** (-28.50)	0.010 (0.82)	-9.845*** (-29.19)
Lev	2.173*** (5.17)	0.017 (0.82)	0.088*** (5.82)	0.446 (1.39)	0.092*** (6.07)	0.543* (1.68)	0.084*** (5.68)	0.435 (1.39)
BTM	2.499*** (6.87)	0.027*** (2.59)	0.032*** (4.31)	2.723*** (10.35)	0.032*** (4.28)	2.718*** (10.30)	0.033*** (4.49)	2.781*** (10.78)
ROA	-0.910*** (-3.51)	-0.036** (-2.00)	-0.004 (-0.27)	-0.374* (-1.65)	-0.003 (-0.26)	-0.417* (-1.84)	0.000 (0.02)	-0.367* (-1.66)
Growth	0.453** (2.71)	0.009* (1.67)	0.013*** (2.92)	0.646*** (5.23)	0.013*** (2.98)	0.660*** (5.33)	0.011*** (2.66)	0.586*** (4.95)
Firsthold	-1.020** (-2.16)	-0.017 (-0.66)	-0.047*** (-2.63)	-0.610 (-1.63)	-0.047*** (-2.65)	-0.667* (-1.77)	-0.045** (-2.55)	-0.536 (-1.47)

续表

Variables	Spread (1)	Analydisp (2)	Spread (3)	Analydisp (4)	Spread (5)	Analydisp (6)	Spread (7)	Analydisp (8)
Constant	-9.727*** (-4.74)	-0.355*** (-3.93)	-0.655*** (-10.18)	-16.743*** (-9.74)	-0.681*** (-10.62)	-17.957*** (-10.46)	-0.841*** (-10.20)	-22.598*** (-10.84)
Obs	11404	8966	14709	19156	14708	19155	15306	20002
AdjR-sq	0.245	0.087	0.080	0.207	0.081	0.207	0.080	0.207
F	57.14	36.82	41.70	81.81	41.97	80.56	43.70	83.20

注：***，** 和 * 分别代表在 1%，5%和10%的水平上显著。

表3-10 风险信息披露与市场反应

Variables	Ret [0, 5] (1)	CAR [0, 3] (2)	Ret [0, 5] (3)	CAR [0, 3] (4)	Ret [0, 5] (5)	CAR [0, 3] (6)	Ret [0, 5] (7)	CAR [0, 3] (8)
SubstanTip	-0.001*** (-3.67)	-0.008*** (-3.94)						
Tone_neg			-0.000 (-0.32)	-0.001 (-0.29)				
Similarity					0.002*** (6.65)	0.007*** (4.91)		
Keywords							0.006*** (8.15)	0.030*** (8.15)
Beta	-0.001* (-1.80)	-0.002 (-0.60)	-0.005*** (-4.35)	-0.014*** (-2.62)	-0.001* (-1.77)	-0.002 (-0.58)	-0.002** (-2.32)	-0.003 (-0.92)

续表

Variables	Ret [0, 5] (1)	CAR [0, 3] (2)	Ret [0, 5] (3)	CAR [0, 3] (4)	Ret [0, 5] (5)	CAR [0, 3] (6)	Ret [0, 5] (7)	CAR [0, 3] (8)
Size	-0.000* (-1.92)	0.001* (1.88)	-0.004*** (-7.62)	-0.009*** (-3.89)	-0.000** (-2.09)	0.001* (1.79)	-0.002*** (-5.78)	-0.006*** (-3.72)
Lev	-0.003*** (-3.31)	-0.012*** (-3.14)	-0.006** (-2.08)	-0.027** (-2.05)	-0.002*** (-2.77)	-0.010*** (-2.71)	-0.002 (-1.46)	-0.015* (-1.86)
BTM	0.001** (2.21)	0.009*** (3.04)	-0.007*** (-3.38)	0.012 (1.29)	0.001** (1.97)	0.008*** (2.88)	0.002 (1.59)	0.027*** (5.42)
ROA	-0.001*** (-3.00)	-0.007*** (-3.41)	-0.002* (-1.73)	-0.011** (-2.30)	-0.001*** (-2.82)	-0.0079*** (-3.27)	-0.002*** (-3.15)	-0.013*** (-3.94)
Growth	-0.000 (-0.52)	-0.003** (-2.26)	0.000 (0.90)	-0.000 (-0.15)	-0.000 (-0.47)	-0.003** (-2.20)	0.000 (0.44)	-0.001 (-0.57)
Firsthold	0.000 (0.17)	-0.001 (-0.26)	0.003 (0.75)	-0.002 (-0.13)	0.000 (0.13)	-0.001 (-0.31)	0.001 (0.40)	-0.005 (-0.44)
Institution	-0.000 (-0.98)	-0.000 (-1.15)	0.000 (0.20)	0.000 (0.44)	-0.000 (-0.77)	-0.000 (-0.97)	0.000 (0.49)	0.000 (0.77)
Constant	0.007*** (2.79)	-0.018 (-1.42)	0.099*** (7.75)	0.226*** (3.92)	0.006** (2.21)	-0.026** (-2.03)	0.003 (0.50)	-0.078** (-2.49)
Obs	18689	18431	18689	18431	18689	18431	18689	18431
AdjR-sq	0.002	0.002	0.012	0.005	0.003	0.003	0.009	0.012
F	4.137	6.122	9.826	5.824	7.077	6.582	14.64	20.62

注：***、**和*分别代表在1%、5%和10%的水平上显著。

069

相关关键词数量与市场反应在 1% 水平显著正相关。尽管市场对风险信息披露的三个变量都具有反应，然而反应的方向却并不一致，这表明风险信息披露造成了市场上投资者异质信念的提升，导致投资者对风险信息呈现出不一致的市场反应。

$$MR_{i,t} = \beta_0 + \beta_1 \Delta RiskDes_{i,t} + \beta_2 Direct\_w_{i,t} + \beta_3 Beta_{i,t} + \beta_4 Size_{i,t} +$$

$$\beta_5 Lev_{i,t} + \beta_6 BTM_{i,t} + \beta_7 Roa_{i,t} + \beta_8 Gth_{i,t} + \sum Industry +$$

$$\sum Year + e_{i,t} \qquad (3\text{-}6)$$

我们的发现与前人研究结论不完全一致。Kravet and Muslu (2013) 研究发现，看似无用的风险信息披露实则可以引起股价波动率和 Beta 值的增大，信息不对称程度降低，且风险信息披露与投资者超额异常回报负相关。导致双方研究结果差异的原因，一方面是本节所采用的指标考察的风险信息披露的面更多，具有更多的信息内涵；另一方面也与两个资本市场上投资者对风险披露信息的理解和认知有关。

（五）内生性控制

为尽量避免以上研究结论可能存在的内生性问题，使用工具变量法来进行控制。以同行业内其他公司的年报风险信息披露的均值作为工具变量。应用两阶段工具变量法进行内生性控制。由于风险信息披露的指标包括是否进行重大风险实质性提示，及针对"董事会报告"中风险段落的负面语调（Tone_neg）、关键词数量（Keywords）和相似度（Similarity）。而由于涉及变量过多，仅选取其中两个风险信息披露的变量，仅针对负面语气和相似度两个变量构造工具变量，并进行列示，其余两个变量均通过检验，但不再列示结果。前人研究发现公司的信息披露水平会受到同行业披露水平的影响（Campbell et al., 2014），但同行业风险信息披露水平对异质信念又不存在直接影响，因而满足工具变量的选取条件①。采用剔除本公司后同行业风险段落的负面语气平均值（Ind_tone）和相似度平均值（Ind_simi），分别作为工具变量对负面语气和相似度两个风险信息披露衡量指标进行两阶段回归，表3-11列示了工具变量法的检验结果：第（1）~（3）列为对负面语气（Tone_neg）的检验。第（1）列为第一阶段回归，以工具变量及其他影响因素对解释变量（Tone_neg）进行回归，发现行业风险信息披露平均变化水平Ind_tone与风险信息披露变化值（Tone_neg）显著正相关；第（2）和第（3）列为第二阶段回归，以第一阶段回归拟合值（IV_tone）分别与异质信念的指标作为解释变量进行回归，结果均显著为正。第（4）~（6）列为对相似度（Similarity）的检验。第（4）列为第一阶段回归，以工具变量及其他影响因素对解释变量（Similarity）进行回归，发现行业风险信息披露平均变化水平Ind_simi与风险信息披露变化值（Similarity）显著正相关；第（5）和第（6）列为第二阶段回归，以第一阶段回归拟合值（IV_simi）分别与两个异质信念的指标作为解释变量进行回归，结果均显著为负。工具变量的检验结果显示，研究结论较稳健。

四、小结

中国证监会自2007年开始要求上市公司在年度报告中对公司经营发展具有重要影响的风险因素进行揭示。然而对外揭示公司风险，对管理者声誉和职业发展、公司声誉和股价稳定性

---

① 工具变量的选取通过过度识别检验，且工具变量与自变量存在相关性。

表 3–11　风险因素负面语气、相似度与异质信念

变量	第一阶段	第二阶段		变量	第一阶段	第二阶段	
	Tone_neg (1)	Analydisp (2)	Spread (3)		Similarity (4)	Analydisp (5)	Spread (6)
IV_tone	0.923*** (59.84)			IV_simi	0.934*** (56.72)		
		5.353*** (2.76)	0.942** (2.32)			−4.953*** (−2.76)	−1.648** (−2.40)
Size	0.003 (0.94)	0.761*** (2.58)	0.006 (0.48)	Size	0.012** (2.54)	0.661*** (2.58)	0.010 (0.64)
BTM	0.054*** (4.05)	−10.858*** (−16.28)	−2.582*** (−7.39)	BTM	0.080 (0.54)	−10.258*** (−16.28)	1.375** (2.38)
Lev	−0.111*** (−7.17)	−0.438 (−0.61)	0.832*** (9.67)	Lev	−0.042 (−1.08)	−0.438 (−0.61)	0.480*** (3.90)
ROA	0.015* (1.73)	2.697*** (7.60)	0.025*** (3.12)	ROA	−0.003 (−1.08)	2.687*** (7.60)	0.037*** (3.30)
Beta	0.013 (1.06)	1.698** (1.97)	−0.427*** (−13.76)	Beta	0.062*** (3.92)	1.698** (1.97)	−0.285*** (−4.39)
AssetG	−0.015*** (−2.73)	0.061 (0.18)	0.149*** (3.88)	AssetG	−0.111*** (−6.35)	0.061 (0.18)	−0.014 (−0.19)
Firstholder	0.032* (1.70)	0.935 (1.01)	−0.001 (−0.04)	Firstholder	0.029*** (2.99)	0.965 (1.01)	0.062* (1.91)
AdjR–sq	−0.004	—	—	AdjR–sq	0.137	—	—
F	(−0.06)	10.09	64.74	F	119.9	10.09	23.37

注：***、** 和 * 分别代表在 1%、5%和 10%的水平上显著。

都具有负面影响，代理冲突严重，因而管理层倾向于进行风险隐藏。即通过模板式披露隐藏重要风险因素，突出发生概率较小、影响较小的风险因素等策略，使风险披露信息有形式而无实质。通过人工阅读发现，大部分公司的"重大风险提示"并未披露任何有意义的内容。少量公司根据准则的"重要性"原则进行了重大风险的实质性提示，其他公司没有进行实质性提示。在这种情况下，年报风险信息是否具有信息含量，能否被

投资者识别，并提高投资者风险意识是一个亟待探究的问题。

对此，本节从投资者异质信念视角检验了年报风险信息披露的信息性质。研究发现：①年报风险信息披露的一些信息特性能提高市场异质信念。其中，重大风险实质性提示信息、风险因素段落负面语气程度、全文中风险关键词数量都与投资者异质信念在统计上显著正相关，而风险因素段落相似度则与异质信念显著负相关。②以剔除本公司后的同行业风险信息披露平均值作为工具变量，我们对假设结果进行了工具变量检验，结果也与主回归一致。③通过检验风险因素衡量指标的市场反应，发现除了相似度的系数显著为负外，其他三个变量的回归系数均显著为正。说明投资者会使用年报风险披露信息，并对其产生反应。反应方向的不一致也进一步表明投资者对于年报风险披露的认知存在差异，异质信念增强。

第四节　中国年报风险信息披露的影响因素

一、引言

第三节检验了年报风险信息披露的信息性质，发现年报风险信息披露具有异质性，能增强投资者异质信念，本节考察年报风险信息披露的影响因素。

长期以来，上市公司定期报告中都缺乏有价值的风险信息。直至 2005 年美国证监会才首次要求上市公司在年报中集中进行风险因素揭示，以提醒投资者注意投资风险。其后，中国证监会也于 2007 年颁布了《公开发行证券的公司信息披露内容与格式准则第 2 号——年度报告》，开始要求上市公司在年度报告董事会报告下的"管理层分析与讨论"部分对公司经营发展具有重要影响的风险因素进行披露。而风险信息本身即代表了公司未来经营发展的不确定性，这种不确定性常常伴随着损失及其他负面影响，因此公司本身不愿意进行风险信息披露。风险信息披露往往以文字描述、定性分析为主，尽管是一种强制性信息披露，然而定性信息仍然削弱了强制性披露规则的约束力，管理层仍拥有披露多少的选择权。即便披露规则细化了内容范围，管理层仍能通过操控披露内容，削弱风险含量。因此，对于风险信息披露这样具有"半强制"性质的信息，只有了解管理层披露的动机及影响因素，我们才能对它的信息性质及所产生的经济后果具有更好的认知，才能更有效率地利用年报风险信息。

大量的已有文献对上市公司信息披露影响因素进行了检验。然而尚未有研究针对风险信息披露的影响因素进行系统的检验。与普通的信息披露相比，风险信息披露具有以下独特之处：其一，公司基础风险具有不确定性，容易引发市场恐慌，致使市场参与者对公司的解读出现较大偏差（Gilbert and Vaughan，1998），管理层有动机隐瞒风险以维护自身职业发展（Kothari et al.，2009）。其二，风险信息可能涉及商业机密，专有化成本较高（Dye，1985），管理层有动机隐瞒以避免竞争力削弱。其三，风险信息披露属于定性披露，监管机构难以对风险因素发生概率及其影响程度进行有效监管，因而披露越多反而越容易受到质疑。这些特点导致风险信息披露既可以起到降低信息不对称的作用，也是管理层面对压力不得不戳破累积风险的工具。因此，年报风险信息的特殊性，导致了其影响因素也可能存在一些特别之处。

目前，关于风险信息披露的文献仍较少。Kravet and Muslu（2013）考察了投资者对年报风险信息披露的感知能力，发现风险相关词汇频率的变化值与股票回报波动性、异常交易量和分析师预测修正偏差显著正相关。Hope et al.（2016）研究发现风险信息披露越多，市场反应以及交易量越大，分析师能更好地估计基础风险。然而，这些已有的研究基本是针对国外年报的分析，集中于探究风险信息披露的有用性及其经济后果，缺乏对上市公司年报风险信息披露影响因素的系统性检验。

本节拟使用 2007~2017 年上市公司年报风险信息披露数据，构建一系列衡量公司风险信息披露的指标，并考察这些指标的影响因素。本书发现：①公司风险水平、风险管理水平、外部压力和产权性质均能对公司风险信息披露产生影响，但由于不同风险信息披露指标侧重的面不一样，这些因素对不同指标的影响大小和方向并不完全一致。②对重大风险实质性提示而言，业绩下行风险、风险管理水平、行业集中度、分析师跟随人数对其具有显著正向影响。而机构投资者持股比率、是否是国企、负债率、ROA、账面市值比则对其具有显著负向影响。③对于"董事会报告"中风险因素描述语气越悲观，业绩下行风险、风险管理水平、法律诉讼、公司规模、账面市值比也越大，且为显著正向关系；而机构投资者持股比率、分析师跟随人数、是否是国有、负债率和资产回报率则对负面语气具有显著负向影响。④"董事会报告"中风险披露相似度指标与业绩下行风险为显著正相关关系，而风险管理水平、行业竞争程度、分析师跟随人数、规模则与之为显著负相关关系。

本节主要有两个方面的贡献：其一，在风险信息披露指标设计方面，本节具有独特之处，并取得了一些突破。主要针对年报中两个主要披露风险因素段落、重大风险提示段落和董事会报告中的风险因素段落。通过 Python 程序实现了对这两部分信息的提取和内容分析。具体表现在：首先，分析了风险因素段落的语气语调，并作为考察风险信息披露质量的一个特征。其次，本节开创性地使用 Python 计算了基于向量空间模型（Vector Space Model，VSM）的余弦相似度，衡量当年风险因素段落与上年内容上的差异，以此作为另一个风险信息披露质量的特征。再次，通过计算机提取和人工阅读判断的方式，将披露的重大风险提示内容与风险因素段落内容进行对比，并将重大风险提示披露内容人工区分为实质性风险提示和提醒查阅董事报告提示两种，更深入考察风险提示的披露现况并检验其影响效应的差异。最后，前人对风险因素段落的研究，基本通过统计风险关键词和风险语句的数量和比重展开，为与前文保持一致，本节根据汉语表达习惯，在国外研究基础上建立了适用于中国的年报风险相关关键词列表，该风险关键词列表值得参考、借鉴和推广。相比之前普遍采用的打分法（程新生等，2012；姚颐和赵梅，2016），本书使用的方法更高效且可重复，无人工处理错误，为开展非财务信息的大样本实证研究提供了数据基础。其二，现有研究还没有系统地对公司年报风险信息披露的影响因素进行检验，本节从四个维度来对年报风险信息披露的特征进行刻画，并检验了风险水平、风险管理水平、外部压力和产权性质对每个风险披露维度的影响。对于风险信息披露影响因素的已有研究集中于公司特征、公司治理、管理层特征、行业集中度，而本节所选取的影响因素，符合风险信息披露的特点，更具合理性。这为我们接下来对年报风险信息披露经济后果的研究做了铺垫。

二、理论分析

（一）信息披露影响因素的相关研究

基于信息披露影响因素的研究，主要基于公司基本特征、公司治理、外部市场压力三个方面展开。

（1）公司基本特征与信息披露。Chow（1987）研究发现公司规模影响公司信息披露。大公司有动力披露更多信息，以减少由于信息不对称而产生的代理成本，获得公众支持，提高资本规模，减少政治成本。Core（2001）发现前十大股东持股比率也影响信息披露，股权越集中，由于这些持股主体很容易接触公司内幕信息，披露信息的需求较低。财务杠杆越高，为减少债权人保护性倾向所带来的潜在影响，管理层有动机披露更多信息以表明其愿意接受监督的态度，增强债权人的信任。

（2）公司治理与信息披露。管理层有维持地位和薪酬的动机，高盈利公司的管理者更倾向于积极地对外披露信息（Wallace et al.，1994；Miller，2002）。实施财务欺诈的公司拥有较低比例的独立董事（Beasley，1996），董事会的独立性和公司盈余管理负相关（Klein，2002）。设立审计委员会与自愿性信息披露范围显著正相关（Ho and Wong，2001）。

（3）外部市场压力与信息披露。处于竞争程度较低行业中的经营业务不太可能被作为行业分部进行披露（Harris，1998），公司利用 SFAS NO.14 赋予他们的灵活性隐藏其在非竞争行业的高盈利部分信息（Botosan and Stanford，2005）。公司专有化程度越高，进行信息披露所花费的成本越高，此时管理层会在成本和收益之间进行权衡，以选择信息披露的程度和方式（Dambra et al.，2015）。

（二）风险信息披露影响因素的相关研究

早期关于风险信息披露的研究中，Linsley and Shrives（2005）认为由于涉及商业机密，公司董事不愿披露风险信息，尤其不愿意提供尚未规避风险措施的前瞻性风险信息。Philip et al.（2006）发现企业规模与风险信息披露的数量正相关，风险信息披露数量与投资评级环境风险正相关，企业更加愿意披露非量化的、过去的风险信息。Rajab（2009）研究了英国52家上市公司1998~2004年的风险信息披露事件，发现由于会计法规和会计机构建设的影响，风险信息量在这期间呈增长趋势。Van Tassel（2011）提出信息披露会减少相对于竞争对手的优势，并降低融资成本。以上关于风险信息披露影响因素的国外研究，涉及了竞争对手、公司规模、披露政策等因素，然而，由于这些研究是基于2005年以前的风险信息披露，而当时SEC尚未要求公司进行强制披露风险因素，因此，这些研究均针对公司自愿性披露的信息。

在此后的研究中，对于风险信息披露影响因素的研究更是鲜有。Nelson and Pritchard（2014）研究了公司潜在的诉讼风险能否影响公司自愿披露风险信息的行为。以风险因素段落的字数占报告总字数的比重作为风险的衡量指标，研究发现诉讼风险越大的公司，披露的风险因素更多、模板性的风险越小、披露风险的可读性越大。Brown et al.（2015）探究了风险信息披露的学习效应，发现如果SEC对行业领导企业、竞争对手企业、

行业中的大部分企业、同一审计师审计这几类企业的强制风险
信息披露状况做出评论，那么其余的上市公司也会受到这些评
论的影响，而做出相应的改进。

以上探究风险信息披露影响因素的文献，几乎都仅针对某
个特定方面，缺乏对风险信息披露影响动因的系统研究。此外，
这些文献对于风险信息披露的衡量均较为粗糙，难以准确地将
风险信息披露的特征刻画出来，随着文本分析技术的进步，对
于非财务信息披露的衡量方法也在不断改进，以上研究结论的
推广性尚值得商榷。

（三）年报风险信息披露的指标构建

第三节提到运用文本分析技术构建的四个风险信息披露的
衡量指标，这四个指标考察了风险信息披露几个不同维度的特
征。而由于对于每个指标所刻画的维度不同，其影响因素也不
一样，对此我们将分别考察每个风险信息披露衡量指标的影响
因素。

1. 重大风险实质性提示

在实际披露中，对于年报目录之后的"重大风险提示"，大
部分公司都用了极少的篇幅进行说明。通过人工阅读后发现，
大部分公司的"重大风险提示"并未披露任何有意义的内容。
其中有 13% 的样本没有披露或披露无重大风险，而 58% 的样本
虽然披露，但仅提示投资者参考"董事会报告"中相关的风险
描述，或者重大风险提示内容与"董事会报告"中的风险因素
完全相同，并没有按照准则要求的"重要性"原则进行重大风
险提示，因此该部分并无信息价值。而仅有 29% 的样本根据准
则的"重要性"原则进行了重大风险的实质性提示。由于管理
层倾向于隐瞒"坏消息"，当公司进行实质性提示时，很可能意

味着公司本身风险水平较高。而部分公司风险管理水平较好，风险隐藏行为受到限制，这些公司往往信息透明度较高，并会按照披露要求进行重大风险提示。此时，公司披露重大风险实质性提示，并不一定意味着公司风险水平较高。

2. 风险因素段落语调

披露的语调指的是，通过标准的判断语义积极或消极性质的词库，对整个文本中词汇的语义进行判断，统计积极词汇数量和消极词汇数量，相减得到净语义，以认定文本内容是积极的或是消极的。文本语调的分析主要适用于检验信息披露者的披露动机。通常情况下，积极的语气可以弱化投资者风险感知，由此我们认为当风险因素段落与语气较为消极时，投资者对风险的感知力更强。年报风险信息披露的语调，一方面可能在无形中透露了管理层对公司风险的真实预期；另一方面也可能被管理层策略性操控，用以迷惑投资者。

3. 风险因素段落相似度

相似度指的是两个文件内容的相似程度，本节指本年"董事会报告"中风险信息披露描述与上年的相似度。SEC 曾对财务报告中管理层讨论与分析（MD&A）部分内容的有用性提出了质疑，认为如果这部分信息一直保持不变可能会导致此部分信息无用。其中风险信息披露也具有类似的变动小的特点，为此，前人构建了相似度指标衡量当年文本信息内容与上年的差异（Nelson and Pritchard，2007；Feldman et al.，2010；Muslu et al.，2009；Brown and Tucker，2011）。相似度越小，表明差异越大，风险信息含量越大。然而相似度小也可能是因为公司风险较小，故无更多新增风险因素。

4. 风险关键词频数

前人研究发现，当公司经营存在较大不确定性时，往往会采用模糊披露进行策略性掩盖，例如，财务报告更复杂难懂，负面词汇增多。而当公司风险管理能力强时，多披露负面信息可以提醒投资者注意风险，从而使股价不至于偏离太多。因此负面词汇越多，公司风险管理能力反而越强。因此，风险关键词出现的频数作为衡量公司风险信息披露的指标之一，可以与前人文献相衔接，从而对前人研究进行扩展。

综上所述，四个维度的风险信息披露衡量变量，考察的侧重点不同，因此对它们的影响因素也可能不一致，即这些因素所表示的信息含义和信息性质并不确定，例如，语气越负面所代表的是公司风险越大还是越小，相似度越大代表风险越大还是越小，这些目前都无法确定。

（四）对风险信息披露影响因素的探究

基于信息披露影响因素的研究，以及已有文献中涉及的风险信息披露影响因素的研究，本节试图从公司风险水平、风险管理能力、外部压力、产权性质四个角度对年报风险信息披露影响因素进行系统的考察。

1. 风险水平

监管机构要求上市公司进行年报风险信息披露的初衷在于为投资者提供更多关于公司风险水平的信息，从而对投资者起到风险预警的作用。如果年报风险信息披露具有信息含量，能起到预警效用，说明其能反映公司的风险水平，换言之，公司的风险水平会影响公司年报风险信息披露行为。

2. 风险管理能力

公司进行风险管理的目的是帮助企业进行良好的风险控制，

降低风险水平。因此，当公司风险管理能力较强的时候，风险可控，风险水平也相应较低。然而，另一种观点则认为，公司之所以需要进行风险管理，是因为公司风险水平本身就比较高，因此公司风险管理能力与公司实际风险水平的关系如何，尚不可知，风险管理能力对风险信息披露的影响如何也有待检验。

3. 外部压力

本节把机构投资者、分析师、同行业、投资者对公司信息披露实施的监督，统称为外部压力。以上四个方面分别代表了四类外部信息使用者，同时也是利益相关者。作为信息需求方，这些信息使用者都希望获取充分、准确、及时的信息，因此，出于保护自身利益的动机，这些信息使用者对公司的信息披露行为施加压力，从而会影响公司风险信息披露状况。对此，本节试图检验这四个方面的压力对于风险信息披露的影响。

4. 产权性质

中国体制较为特殊，上市公司很大一部分是由国有企业转制而成，国家控股的制度安排，使得国有企业在许多方面表现出与非国有企业全然不同的特点，也为我们研究问题提供了独特的视角。产权性质不同的公司薪酬激励机制也不同。一方面，目前大部分国有企业公司高管的薪酬激励远达不到市场水平，这使得国有企业管理层倾向于风险规避，因为风险承担的成本往往高于收益。另一方面，国有企业高管比民营企业高管具有更大的政治晋升动力，而维持一个好公司声誉及自我声誉有益于更长久地维持职位并实现晋升。相比之下，非国有企业高管更倾向于冒险，由于存在信息不对称，他们冒险获得的收益往往高于成本。为了获取更多收益，降低信息披露成本，会采取风险隐藏行为。而国有企业高管相对来说更看重公司和自身声誉, 风险隐藏行为相对少。产权性质对公司风险信息披露是否具有影响, 其影响效应如何, 尚待研究。

综上可知, 虽然从理论上我们推测以上四个因素可能对公司风险信息披露行为产生影响, 但这些因素对每个变量的具体影响方向和程度如何均无法推测。

三、研究设计

(一) 样本选择与数据来源

中国年报风险信息披露始于 2007 年, 因此本节研究对象为 2007~2017 年年度报告中披露的风险信息。我们利用计算机程序从年报中提取"重大风险提示"段落和"董事会报告"中的风险因素段落, 剔除提取过程中因为披露格式或披露规范导致的无法提取数据对象, 最终得到 21224 个风险信息披露数据。本节其他变量数据均取自 CSMAR 和 Wind 数据库。为避免极端值影响, 本节对所有连续变量进行了上下 1% 的 Winsorize 缩尾处理, 对所有回归都控制了行业、年度效应且进行了公司维度的 Cluster 处理。

(二) 变量定义

1. 年报风险信息披露

本节使用以下指标作为年报风险信息披露的衡量变量 (计算方法请参照第三章第二节指标构建内容):

(1) 重大风险实质性提示;

(2) 风险因素段落的语调;

(3) 风险因素段落与上年相似度;

(4) 年报全文风险关键词出现的频数。

2. 公司风险水平

本节采用业绩下行风险（EDR）度量公司基本面的风险水平。EDR 指标与过去通常使用的衡量公司业绩风险的指标不同，其通过计算实际会计盈余与期望会计盈余之间的差异，来判断每个公司业绩是否下行。对于公司基本面而言，业绩风险无疑是对企业影响最重大的风险。一般的风险衡量指标，常常对上行和下行风险给予同样的权重，而 EDR 则可以较好地衡量公司基本面业绩下行风险，更适用于我们对"坏消息"披露行为的研究。

参照 Konchitchki et al.（2016）的研究方法，构建模型（3-7）：

$$EDR_{it} = \log\left[\frac{1 + Lower_2(\tau_{it})}{1 + Upper_2(\tau_{it})}\right] = \log\left\{\frac{1 + \left[\left(\frac{1}{N}\right)\sum_{\gamma_{it} < \tau_{it}}(\tau_{it} - \gamma_{it})^2\right]^{1/2}}{1 + \left[\left(\frac{1}{N}\right)\sum_{\gamma_{it} \geqslant \tau_{it}}(\gamma_{it} - \tau_{it})^2\right]^{1/2}}\right\}$$

$$(3-7)$$

模型（3-7）中，γ_{it} 表示已经实现的盈余 ROA；τ_{it} 表示预期的盈余 ROA。用模型（3-7）估计得到模型（3-8）：

$$ROA_{it} = \alpha_0 + \alpha_1 ROA_{it-1} + \alpha_2 SALE_{it-1} + \alpha_3 SIZE_{it-1} + \alpha_4 LEVERAGE_{it-1} +$$

$$\alpha_5 STD\_ROA_{it-1} + \alpha_6 OC_{it-1} + \varepsilon_{it} \qquad (3-8)$$

模型（3-8）中，指标 ROA、SALE、SIZE、LEVERAGE、OC 都使用滞后一期的样本，而 STD_ROA 为用前三年数据计算的 ROA 波动，并同样使用滞后一期的样本。在进行模型估计时，用三年数据通过滚动窗口进行回归，因此在估计 ROA 时，至少会有 3~5 个残差，模型（3-8）中残差即为模型（3-7）中（$\tau_{it} - \gamma_{it}$）的值，将残差代入模型（3-7）后，模型（3-7）变形为模型（3-9）：

$$\text{EDR}_{it} = \log \left\{ \frac{1 + \left[\left(\frac{1}{N} \right) \sum \left(\hat{\varepsilon}_{it} \times I\hat{\varepsilon}_{it<0} \right)^2 \right]^{1/2}}{1 + \left[\left(\frac{1}{N} \right) \sum \left(\hat{\varepsilon}_{it} \times I\hat{\varepsilon}_{it \geq 0} \right)^2 \right]^{1/2}} \right\} \quad (3-9)$$

最终，通过模型（3-9）计算得到 EDR 指标。

（三）公司风险管理水平

为衡量公司风险管理状况，本节以公司是否具有风险管理委员会和公司高管是否具有风险管理任职经历作为风险管理水平的衡量指标。两个指标均通过文本分析的方法取得。具体提取方法为：通过编程在年度报告中对相关的关键词进行查找。风险管理委员会，则通过搜索"风险与审计委员会""风险管理委员会""风险控制委员会""内控与风险管理委员会""风险与战略委员会""风险与内控委员会"，检索到则该变量设置为 1，否则为 0。公司高管风险管理任职经历，则在高管经历中检索"风险"，其后由人工判断是否具有风险任职经历。

（四）外部压力

外部压力主要是指来自行业、机构投资者、分析师、投资者的压力。

第一，本节以行业竞争度（HHI）衡量行业压力的大小。HHI 衡量公司面临的行业竞争情况，值越大表明公司面临的竞争压力越大，前人研究发现，当公司处于竞争激烈的环境中时，更倾向于进行信息披露。

第二，以机构投资者持股比重衡量来自机构投资者的压力。机构投资者具有专业信息分析和处理能力，对于公司信息需求更高，同时对披露准确性和可靠性也有更高的要求，有助于更好地监督公司行为。因此，机构持股比例越高，机构投资者进行监督的力量越强。

第三，以分析师跟随人数衡量来自分析师的压力。分析师作为信息中介具有信息挖掘和传播的功能，公司跟随的分析师越多，公司隐藏风险被发现的概率越大，因此隐藏风险的成本较高。前人研究也发现，分析师跟随人数越多的公司，信息环境越好。因此，分析师跟随人数多，会间接对管理层造成披露压力。

第四，以公司是否存在关于信息披露的未决诉讼衡量来自投资者的压力。存在信息披露诉讼的公司，表明公司本身信息披露质量存在问题，因此，投资者对其的关注度和压力会更大。

（五）控制变量

我们以公司的基本特征变量作为控制变量，加入模型，具体包括以下变量：企业规模（Size）、经营业绩（ROA）、账面市值比（BTM）、负债率（Lev），变量定义见表3-12。

表3-12　变量定义

变量	符号	变量名称与度量标准
风险信息披露	SubstanTip	重大风险实质性提示，1为具有重大风险实质性提示，0为其他。具体分类方法参见文中定义
	Tone_neg	"重大风险提示"中风险因素段落的负面语调，计算方法为 Riskneg = 负面词汇数/总词数
	Tone_net	"重大风险提示"中风险因素段落的净语调，计算方法为 Riskneg = （正面词汇数–负面词汇数）/总词数
	Similarity	风险因素段落与上年相似度，计算方法参见上文定义，相似度越大，信息含量越低；相似度越小，信息含量越高
	Keywords	在年度报告全文中检索所有风险相关关键词，并统计风险关键词出现的频数
公司风险水平	EDR	业绩下行风险，参照 Konchitchki et al. (2016) 的模型，通过计算实际会计盈余与期望会计盈余之间的差异，来判断每个公司业绩是否下行。具体计算方法参见文中定义
风险管理水平	Riskmcom	是否有风险管理委员会，在年度报告中检索风险管理委员会类似机构，有则为1，否则为0
	Riskexp	高管是否具有风险管理任职经历，在年度报告高管信息中，通过文本提取获得，有则为1，否则为0

续表

变量	符号	变量名称与度量标准
外部压力	HHI	行业集中度，行业赫芬达尔指数
	Institution	机构投资者持股比重
	following	分析师跟随数量
	Lawsu	公司是否面临法律诉讼，有则为1，否则为0
产权性质	SOE	产权性质，国有为1，否则为0
	Size	公司总资产的自然对数
	BTM	账面市值比，$MB_{i,t}$=账面权益价值/(第t年末的股票价格×流通股数量+每股净资产×非流通股数量)
其他检验	Lev	公司的资产负债率
	ROA	总资产收益率，为第t年的净利润与第t−1年公司总资产的比值

（六）计量模型

本节构建方程（3–10）来检验假设H1：

$$RiskDisclosure_{i,t} = \alpha_0 + \alpha_1 Factors_{i,t} + Controls_{i,t} + \varepsilon \qquad (3\text{–}10)$$

式（3–10）中，RiskDisclosure为年报风险信息披露指标，Factors为所有影响因素，Control为控制变量，具体指标见上文描述。α_0表示常数项，α_1表示主要自变量系数。

四、实证结果与分析

（一）描述性统计

表3–13为主要变量的描述性统计。数据显示：Tone_neg均值为0.45，表明所有风险因素段落中负面词汇比重较大，占45%，而标准差为0.32，表明各公司年报的风险信息所显示的语气有较大差异。Keywords的标准差为0.29，表明不同公司年报中风险相关词汇的数量具有较大差异。EDR及其他控制变量均

与以前研究保持一致。

表 3-13 描述性统计

Variables	N	Mean	sd	p25	p50	p75	Min	Max
SubstanTip	21244	0.300	0.460	0.000	0.000	1.000	0.000	1.000
Tone_neg	21244	0.450	0.320	0.140	0.410	0.740	0.000	0.990
Similarity	21244	0.650	0.420	0.000	0.910	0.990	0.000	1.000
Keywords	21244	6.790	0.290	6.590	6.800	6.990	5.990	7.430
EDR	21244	0.000	0.040	−0.010	0.000	0.010	−0.120	0.160
Riskmcom	21244	0.060	0.230	0.000	0.000	0.000	0.000	1.000
Riskexp	21244	0.110	0.310	0.000	0.000	0.000	0.000	1.000
HHI	21244	0.010	0.010	0.000	0.000	0.010	0.000	0.040
Institution	21244	0.065	0.086	0.015	0.049	0.069	0.000	0.549
Following	21244	1.910	0.960	1.390	2.280	2.400	0.000	4.380
Lawsu	21244	0.180	0.380	0.000	0.000	0.000	0.000	1.000
SOE	21244	0.440	0.490	0.000	0.000	1.000	0.000	1.000
ROA	21244	0.200	0.380	0.020	0.090	0.240	−0.430	2.240
Size	21244	22.040	1.100	21.340	22.010	22.690	19.070	25.120
BTM	21244	0.500	0.240	0.300	0.480	0.660	0.070	1.080

（二）相关系数表

表 3-14 列示了 Pearson 相关系数，通过相关性分析发现，相似度（Similarity）与其他三个风险信息披露衡量变量显著负相关。业绩下行指标（EDR）总体上与风险信息披露衡量变量正相关。此外，机构投资者持股比重、分析师跟随人数、产权性质及负债率，则在总体上与风险信息披露的指标显著负相关。其他影响因素对风险信息披露变量的影响方向则不一致。这初步说明，风险信息披露的四个衡量维度之间存在一些共性，也存在差异，每个指标都有各自的特点。此外，可以发现这些影响

表3-14 相关系数

	SubstanTip	Tone_neg	Similarity	Keywords	EDR	Riskmcom	Riskexp	HHI	Institution	Following	Lawsu	SOE	Size
SubstanTip	1.000												
Tone_neg	0.081***	1.000											
Similarity	-0.069***	-0.013*	1.000										
Keywords	0.247***	0.218***	-0.040***	1.000									
EDR	0.007	0.013*	0.019***	0.014**	1.000								
Riskmcom	-0.016**	-0.002	-0.060***	0.042***	0.015**	1.000							
Riskexp	0.000	0.014**	-0.065***	0.030***	0.020***	0.288***	1.000						
HHI	-0.002	-0.004	-0.039***	0.006	0.006	0.046***	0.019***	1.000					
Institution	-0.061***	-0.016**	-0.019***	-0.006	-0.052***	0.073***	0.032***	-0.012*	1.000				
Following	0.010	-0.010	-0.026***	-0.062***	-0.065***	0.085***	0.052***	0.032***	0.115***	1.000			
Lawsu	-0.015**	-0.003	-0.001	0.102***	0.031***	0.026***	0.028***	0.025***	-0.028***	-0.035***	1.000		
SOE	-0.233***	-0.098***	-0.027***	-0.019***	0.063***	0.106***	0.060***	0.047***	0.111***	-0.017***	0.015**	1.000	
Size	-0.015**	0.072***	-0.042***	0.077***	-0.086***	0.215***	0.134***	0.078***	0.108***	0.263***	-0.053***	0.132***	1.000
Lev	-0.186***	-0.080***	-0.027***	0.001	0.155***	0.133***	0.093***	0.053***	0.048***	-0.001	0.150***	0.290***	-0.126***

注：***，** 和 * 分别代表在 1%、5%和 10%的水平上显著。

因素或多或少都对风险信息披露产生影响，这也初步验证了我们对风险信息披露影响因素的推测。

（三）回归结果影响因素分析

为检验我们所提出的假设，根据模型（3-10），将所有可能影响风险信息披露的因素都放入回归中，表 3-15 中，第（1）~（4）列的被解释变量分别为不同的风险信息披露衡量指标。这些影响因素包括公司风险水平、风险管理水平、外部压力、产权性质四个方面，回归结果列示在表 3-15 中。

第一，对于风险水平对风险信息披露的影响，表 3-15 回归结果显示，EDR 的系数在与四个风险信息披露衡量指标的回归中都在 1%水平显著，这表明，业绩下行风险越大，管理层越倾向于进行重大风险提示、风险因素段落的描述语调越悲观、与上年相比风险因素段落相似度越高、年报中风险相关词汇的数量越多。

第二，对于风险管理水平对风险信息披露的影响，表 3-15 回归结果显示，是否有风险管理委员会（Riskmcom）和高管风险管理任职经历（Riskdexp）的回归系数在符号和统计显著性上基本表现出一致性。其中，风险管理水平越高，管理层越倾向于进行重大风险提示，与上年相比风险因素段落相似度越低，年报中风险相关词汇的数量越多。而对于风险因素段落语调悲观程度则显示，高管的风险经历会导致风险描述语调更悲观，风险管理委员会的存在则不会对语调产生显著影响。总体而言，对于风险管理水平较好的公司，其风险信息披露意愿更强，且披露的风险信息含量较大，并倾向于用更为负面的语气对投资者进行风险提示。

第三，对于外部压力对风险信息披露的影响，表 3-15 回归结果显示，四个衡量外部压力的指标在每个回归中系数均不一致，因此，我们将逐一进行分析。行业集中度越高的公司，更倾向于披露重大风险提示，风险因素段落相似度更小，余下的两个指标则无统计意义上的显著性。机构投资者比重较大的公司，进行重大风险实质性提示的意愿较小，对其他指标则无影响，可能的解释是，机构投资者持股比例较高的公司，其风险水平往往比较低，因此机构投资者持股比例对风险信息披露的影响也整体较小。分析师跟随人数较多的公司，进行重大风险实质性提示的概率增加，而公司风险因素描述中语气越乐观、相似度越低，年报中风险关键词个数越少。面临诉讼风险的公司，Lawsu 的系数全为正，而风险因素描述语气更负面，风险相关词汇出现频率更高。综上所述，对于衡量外部压力的四个维度的指标，无论是符号还是显著性都显示出较大的差异，可能的解释是：①不同的外部压力，对于管理层风险信息披露意愿的影响侧重点不同，因此无法看到一致的结论。②管理层对来自不同主体的外在披露压力所表现出的应对也是各不相同的。综合来看，分析师跟随人数对于风险信息披露的影响最显著，这反映出管理层可能最在意来自分析师的压力。

第四，对于产权性质对风险信息披露的影响，表 3-15 回归结果显示，四个衡量产权性质的指标均一致为负，除了相似度外，其余三个指标都在 1% 水平显著。该结果表明，产权性质对年报风险信息披露的影响是显著的，且非国有企业更多披露了实质性风险提示、语气更悲观、风险相关词汇出现频率也更高，这表明：①相比于国有企业，非国有企业所承受的披露压力更大，因此倾向于多披露。②非国有企业管理者风险承担的意愿更强，公司面临的风险也更大，因此披露的风险也越多。

表 3–15　风险信息披露影响因素

	Variables	SubstanTip （1）	Tone_neg （2）	Similarity （3）	Keywords （4）
风险水平： H1 检验	EDR	0.345*** (5.70)	0.212*** (2.74)	0.187*** (3.29)	0.403*** (5.52)
风险管理水平： H4 检验	Riskmcom	0.036*** (3.20)	−0.017 (−1.29)	−0.047*** (−4.70)	0.145*** (11.50)
	Riskdexp	0.026*** (3.09)	0.019* (1.95)	−0.050*** (−6.90)	0.051*** (5.13)
外部压力： H3 检验	HHI	0.612* (1.91)	−0.043 (−0.12)	−1.400*** (−4.69)	−0.223 (−0.48)
	Institution	−0.001*** (−6.79)	−0.000 (−0.61)	−0.000 (−1.30)	−0.000 (−0.50)
	Following	0.005** (2.03)	−0.012*** (−3.80)	−0.004* (−1.84)	−0.122*** (−24.91)
	Lawsu	0.003 (0.43)	0.013* (1.74)	0.002 (0.28)	0.361*** (31.37)
产权性质： H4 检验	SOE	−0.146*** (−29.90)	−0.096*** (−14.83)	−0.006 (−1.21)	−0.114*** (−17.44)
	Size	−0.003 (−1.21)	0.033*** (11.40)	−0.005** (−2.50)	0.129*** (38.53)
	Lev	−0.232*** (−16.88)	−0.155*** (−9.43)	−0.016 (−1.30)	−0.022 (−1.33)
	ROA	−0.017* (−1.79)	−0.035*** (−3.79)	0.005 (0.74)	−0.042*** (−4.13)
	BTM	−0.045*** (−4.05)	0.115*** (8.49)	−0.015 (−1.49)	0.030** (2.18)
	Constant	0.420*** (8.27)	−0.008 (−0.12)	0.611*** (12.77)	3.906*** (52.42)
	Obs	23009	21244	21245	23009
	Adj–Rsq	0.074	0.025	0.009	0.026
	F	149.6	44.41	17.10	247.6

注：***、** 和 * 分别代表在 1%、5% 和 10% 的水平上显著。

通过对每个风险披露指标的影响因素分析可以看出：

（1）对重大风险实质性提示而言，业绩下行风险、风险管理水平、行业集中度、分析师跟随人数对其具有显著正向影响；而机构投资者持股比率、是否是国企、负债率、ROA、账面市值比则对其具有显著负向影响。

（2）对于"董事会报告"中的负面语调指标，业绩下行风险、风险管理水平、法律诉讼、公司规模、账面市值比对其具有显著正向影响；而机构投资者持股比率、分析师跟随人数、是否国有、负债率和资产回报率则对负面语调具有显著负向影响，其他指标无显著影响。

（3）对于"董事会报告"中的与上年相似度指标，仅业绩下行风险对其产生显著正向影响，风险管理水平、行业竞争程度、分析师跟随人数、规模则对其产生显著负向影响，其他指标无显著影响。

（4）对于全文中风险相关词频指标，业绩下行风险、风险管理水平、公司规模及账面市值比对其产生正向影响。而分析师跟随人数、是否国有、资产回报率则对其产生显著负向影响，其他指标无显著影响。

五、小结

本节对本书用到的所有风险信息披露指标的影响因素进行了系统的研究。参照前人关于信息披露影响因素的研究，考察公司风险水平、风险管理水平、外部压力和产权性质对风险信息披露的影响。研究显示，业绩下行风险、机构持股比率、是否面临未决诉讼及负债率这几个因素对风险披露衡量指标的影响趋于一致，而其他因素则表现出不一致性。尽管这些因素对年报风险信息披露均具有影响，但影响程度和方向不一致，这个结论表明，本节所使用的风险信息披露衡量指标所表现出来的信息性质不一致，其对经济后果的影响如何，尚有待进一步探究。

现有研究还没有系统地对公司年报风险信息披露的影响因素进行检验，本节从四个维度对年报风险信息披露的特征进行刻画，并检验了风险水平、风险管理水平、外部压力和产权性质分别对每个维度产生的影响，此外，还检验年报风险信息披露与信念异质性的关系，这为接下来对年报风险信息披露经济后果的研究做了铺垫。

| 第四章 ||

股市上的经济后果：年报风险信息披露与股价崩盘风险

近年来，中国资本市场剧烈震荡现象频发。2007年沪指升至历史最高点，仅一年内下挫近75%；2014年6月至2015年4月，10个月内大盘指数暴涨150%，其后不到2个月暴跌45%；2015年6~10月，A股一半以上公司股价平均跌幅超过了50%。千股暴涨、千股暴跌成为中国资本市场的独特奇观。在动荡的大盘之下，个股的"暴跌"尤其牵动着投资者恐慌的心，影响了中国金融市场的健康稳定发展，阻碍了实体经济的转型升级。因此，本章对中国股市这一独特的金融现象进行深入探究，特别是在中国经济高速发展而金融风险和泡沫不断累积的背景下，该研究对降低市场风险、促进资本市场稳固发展具有重要的理论和现实意义。

对于股价崩盘风险的形成原因及其发生机理，现有文献普遍认为主要是由信息不对称引发的代理问题所导致的，其根源在于管理层出于公司声誉或者自身利益考虑对公司风险进行隐藏，当这些隐藏"坏消息"累积到一定程度直至无法隐瞒时，集中释放的负面信息会对投资者产生强烈冲击，由此引发股价崩盘风险。为此，大量学者从管理层代理冲突视角和信息透明度视角进行研究，尤其是管理层代理冲突视角，现有文献从机构投资者持股（许年行等，2013）、大股东持股（王化成等，2015）、管理者保护自己的职位和薪酬（Verrecchia，2001；Graham et al.，2005；LaFond and Watts，2008；Ball，2009）、避税（Kim et al.，2011a）、提高短期内的期权价值（Kim et al.，2011b）、构建企业帝国（Kothari et al.，2009）等视角进行了深入探究。而对于提高信息透明度视角，学者则主要考察了会计稳健性、会计信息质量、财务报告质量等对股价崩盘风险的影响（Kim and Zhang，2012；Hutton et al.，2009；Kim and Zhang，2014；叶康涛等，2015；Jin and Myers，2006）。上述研究对象主要为财务报告、管理层分析与讨论（孟庆斌等，2017）、社会责任报告（权小峰，2016；宋献中，2017），研究对象相对单一，研究结果均显示加强公司信息披露可以显著缓解股价崩盘风险。然而，现有文献尚未研究年报风险信息对股价崩盘风险的影响。为此，本书首次对年度报告进行挖掘，考察年报中特殊的信息披露，即风险信息披露对上市公司股价崩盘风险的影响。

从 2007 年开始，中国证监会要求上市公司必须在年度报告董事会报告中披露对公司发展战略和经营目标产生不利影响的风险因素及其应对措施，于 2012 年再次要求在年度报告目录之后单独刊登重大风险提示，披露公司重大风险及其应对措施。风险信息披露与公司普通的公告相比，主要有以下特殊性：其一，公司基础风险具有不确定性，容易引发市场恐慌，致使市场参与者对公司的解读出现较大偏差（Gilbert and Vaughan，1998），管理层有动机隐瞒风险以维护自身职业发展（Kothari et al.，2009）；其二，风险信息可能涉及商业机密，专有化成本较高（Dye，1985），管理层有动机隐瞒以避免竞争力削弱；其三，风险信息披露属于定性披露，风险因素发生概率及其影响程度难以被监管机构有效监管，因而披露越多反而越容易受到质疑。这些特点导致风险信息披露既可以作为降低信息不对称的中介，也可以作为管理层面对压力时不得不戳破累积风险的工具。因此，其对股价崩盘风险的影响可能与普通公告信息不同。股价崩盘分析是公司财务领域探讨的热点问题，年报风险信息披露对其影响究竟如何，是符合信息的披露越透明越能稳定市场的金融法则呢？还是披露越透明，市场反而给予更负面的反应？这些问题都亟待探究。

为回答以上问题，本章以 2007~2017 年沪深 A 股上市公司为研究样本，采用文本分析方法对上市公司年报风险信息进行提取，并构建相应分析指标，对风险信息披露与股价崩盘风险之间的关系进行了检验。本书认为，中国资本市场为研究这些问题提供了理想的研究样本和实验场所。其一，中国股市与欧美国家相比尚不够成熟和稳定，上市公司所面临的信息环境较差，容易发生股价崩盘（Hutton et al.，2009）。此外，市场上股价具有很高的同步性（许年行，2013），股价"同涨同跌"现象严重。风险信息作为一种特质性较强的信息，尤其适合在较差的环境下，考察其对市场上投资者风险感知的影响，从而规范市场行为。其二，中国对公司信息披露的监管上，力量仍较为薄弱。中国尚无成熟而健全的投资者保护法律体系，公司控制权较为集中，而大股东没有较高的信息披露要求，市场以中小散户投资者为主，与西方相比机构投资者的比重较低。而在分析和理解信息方面，机构投资者起主导作用，有助于股价恰当地反映披露的信息。无论是法制监管、大股东监管还是机构投资者监督，与西方发达国家相比，中国都显得较为薄弱。其三，从实际披露的状况来看，相比于美国年报中长篇累牍、多达数页的对公司风险因素的详细说明，中国年报中平均不超过半页的公司风险描述则显得过于单薄，一笔带过的也不在少数。年报风险信息常被质疑为模板式披露、无信息含量，而中国的情况尤其突出。因此，风险信息披露的这些特征也为研究此问题提供了一个很好的实验场所。

本章研究发现：①进行重大风险实质性提示后，股价崩盘风险显著提高；"董事会报告"风险因素段落的语气悲观程度与上市公司股价崩盘风险显著正相关；风险因素段落内容与上年风险因素段落的相似度则与股价崩盘风险显著负相关。②为了克服内生性问题，本章通过工具变量、双重差分等方法对不同风险信息披露指标进行了检验，并尝试替换解释变量和被解释变量，以尽量确保研究结论的稳健性。③重大风险实质性提示对股价崩盘风险的影响包含了风险因素段落的语气和相似度对股价崩盘风险的影响，三者同时回归后，后两者的显著性消失。④公司风险水平对两者关系具有正向影响，即风险水平越高，风险信息披露对股价崩盘风险的影响效果越强；相比于国有上市公司，风险信息披露对股价崩盘风险的影响仅存在于非国有上市公司。⑤重大风险实质性提示的披露会提高公司信息不对称程度，且信息不对称是风险信息披露影响股价崩盘风险的不完全中介。

本章的研究贡献主要有以下四个方面：①本章研究发现，年报风险信息披露的信息特征，可以预测公司崩盘风险。也就是说年报风险信息提供了包含公司风险水平的信息。②本章开创性地将重大风险实质性提示及风险因素段落的语气和相似度同时进行回归，发现加入重大风险实质性提示后对另外两者对股价崩盘风险的影响效应消失，表明重大风险提示对于投资评估和预防公司风险具有重要意义。2015 年后新颁布的《公开发行证券的公司信息披露内容与格式准则第 2 号——年度报告》放松了公司对重大风险提示的强制性披露，而我们的研究强调了重大风险提示的有用性，也可以为监管机构对相关准则的制定提供依据。③年报风险信息通过提高信息不对称进而影响股价崩盘风险，表明年报风险信息披露提高投资者风险感知能力，起到了预警效应，并导致了市场上投资者风险认知偏差增大，补充了风险信息披露信息效应的相关文献。与本书最相关的研究为叶康涛等（2015），发现了内部控制信息披露降低未来股价崩盘风险的发生，研究结论与本书相反。尽管内部控制信息与风险信息在某些方面具有相似性，比如，都是年报中的定性披露，披露目的都是降低信息不对称，进而对管理层经营管理行为进行监督。但风险信息更多包含了企业风险水平的不确定信息，故而其效应与内部控制信息效应不一致。④年度报告风险信息一直被认为是没有信息含量的模板式信息，而没有得到足够的重视。本书研究发现年报风险信息可以起到预测未来崩盘风险的作用。一方面，这提供了风险信息披露有效性的证据；另一方面，从侧面反映了中国上市公司对自身风险信息披露不够及时充分，风险隐藏和风险累积效应明显，因而当迫于诉讼风险而不得不在年报中披露时，往往预示了公司"坏消息"较多，股价崩盘发生的可能性较大。因此，这也为中国有关监管部门制定更有效的披露举措、强化风险信息披露监管，以促进资本市场健康发展提供了决策依据。

第一节　理论分析与研究假设

一、年报风险信息披露准则及相关研究

年度报告一直以来都因为缺乏风险信息而受到诟病。美国证监会于 2005 年开始要求上市公司在年度报告首页专门讨论公司面临的重大风险因素。中国证监会于 2007 年发布的《公开发行证券的公司信息披露内容与格式准则第 2 号——年度报告》第四节第 28 条中规定上市公司与董事会报告章节，管理层分析与讨论中对公司面临的风险因素进行揭示，"公司应当针对自身特点，遵循关联性原则和重要性原则披露可能对公司未来发展战略和经营目标的实现产生不利影响的风险因素（如政策性风险、行业特有风险、业务模式风险、经营风险、环保风险、汇率风险、利率风险、技术风险、产品价格风险、原材料价格及供应风险、财务风险、单一客户依赖风险，以及因设备或技术升级换代、核心技术人员辞职、特许经营权丧失等导致公司核心竞争能力受到严重影响等），披露的内容应当充分、准确、具体，应当尽量采取定量的方式分析各风险因素对公司当期及未来经营业绩的影响，并介绍已经或计划采取的应对措施"。

2012 年中国证监会在《公开发行证券的公司信息披露内容与格式准则第 2 号——年度报告》中首次要求在年报开头醒目位置，单独进行重大风险提示的规定。准则第 16 条指出："公司

应当在年度报告目录后单独刊登重大风险提示。公司对风险因素的描述应当围绕公司的经营状况，遵循重要性原则披露可能对公司未来发展战略和经营目标的实现产生不利影响的重大风险，并根据实际情况，披露已经或将要采取的措施。"

因此，在上市公司年报中，一共有两个部分对公司所面临的风险因素进行集中描述和提示。其一为董事会报告中，其二为年报目录之后，两个位置的披露要求并不同。二者的差别在于，根据准则的要求，董事会报告中的风险信息披露"遵循关联性原则和重要性原则"，将公司可能存在的风险因素都尽量充分、准确、具体、翔实地披露，并没有要求强调发生概率大的风险因素。而年报目录之后为"重大风险提示"，则要求"遵循重要性"进行风险提示，即只披露那些对公司影响重大的风险因素，而没有要求充分、准确、具体地披露。由此可见，两个风险信息披露准则，一个注重全面，另一个注重要点，以期为投资者提供尽可能有价值的信息。

对于年报风险信息披露的研究，早前的多为基于公司个案（张苏彤、周虹，2003）或针对某些特殊行业（Beattie，2004）抑或进行小样本人工分析的研究。Rajgopal（1999）就以手工搜集方式对报告中披露的市场风险信息进行提取风险，他检验了1997年SEC颁布了要求披露公司市场风险的规定后，公司披露的市场风险信息的有用性。研究发现，披露的市场风险与公司股价与石油天然气价格的敏感性呈现正相关关系，说明披露的风险能够预测实际的市场风险。随着数据挖掘技术的发展，越来越多的研究采用内容分析法，对风险信息披露内容进行深入挖掘和分析，试图通过大样本发掘隐藏在文本中的被忽视的信息。

Li（2006）较早开始将文本分析方法运用于年度报告风险信

息披露的研究，其以年报中"Risk"和"Uncertainty"等风险词汇出现的频率作为风险信息披露的衡量指标。Kravet and Muslu（2013）使用了类似 Li（2006）的方法，统计了带有"风险"词汇的语句，用"风险"句子数量在前后年度间的变动作为风险信息披露的衡量依据。Campbell（2014）、Hope et al.（2016）研究了年报中强制要求披露的"风险因素"段落的风险信息含量，进一步对风险因素的类别和特质性进行了研究，Filzen（2015）分别统计了"Risk"和"Uncertainty"的出现频率，认为两种披露情形所代表的公司风险可能不同。Elliott et al.（2015）提取了报告中的风险相关词汇，以风险词汇数量占比作为公司风险衡量指标。

而现有文献对风险信息披露的研究主要集中于披露内容的价值相关性，对公司风险水平的预测及对投资者风险感知影响几个方面。Li（2006）发现风险关键词数量与未来盈余负相关，而且与未来市场的回报也负相关。Kravet and Muslu（2013）考察了投资者对于年报风险信息披露的感知能力。研究发现风险语句频率的变化值与未来股票回报波动性、3 天窗口期的异常交易量和分析师预测修正偏差正相关。并发现当企业披露的风险超过行业均值时，相关性减弱，说明企业披露的大部分信息属于模板式的信息，企业自身特质信息披露较少。Campbell（2014）、Hope et al.（2016）提出风险因素的类别和特质性与公司面临风险相关，也会影响市场表现，表明披露的风险水平能体现和预测公司实际面临的风险。投资者会将披露的风险信息纳入股价，引起股价的反应。Fanning（2014）通过实验的方法检验了风险信息披露门槛的降低是否会对投资者的风险感知能力产生影响。研究发现，对业绩有定向目标的人，其风险感知能力更不容易被风险信息披露降低后增加披露的低概率风险冲淡；且短期投资者最容易受到管理层披露策略管理的影响，短期投资者需要较大程度地考虑风险，因此对他们的影响最大。Filzen（2015）研究发现管理层会对披露的"Risk"做出政策调整，而对披露的"Uncertainty"做出"等候观望"，规模小、非营利、信用风险高的公司对风险和不确定性更敏感，"Risk"和"Uncertainty"增加时对公司政策的影响会比降低时更大。Chiu et al.（2015）发现RFDs改善了财务报告的透明度，同时降低了CDS，此外对于信息不确定性更大和违约可能性更大的公司，RFDs还能帮助投资者评估潜在风险并预测未来业绩。Elliott et al.（2015）检验了信息披露风险与公司政策之间的相关性。研究表明，披露风险的增加可以解释公司在负债率、投资、研发、雇员、股利政策、现金持有和股票购买等财务政策方面的下降。此外，这些财务政策的变更对公司规模、盈利能力、信用评级等方面也具有敏感性。

这些国外研究一方面发现风险信息披露数量增量，与未来盈余负相关，与市场波动率和分析师预测修正偏差正相关，即对公司风险水平具有预测能力，且能提高资本市场投资者的风险识别能力。另一方面发现风险信息披露能降低信息不对称，降低了CDS的成本。风险信息披露对市场参与者的作用究竟如何，是提高风险感知，增大信息不对称，抑或是降低信息不对称，上述研究并未进行区分。

另外值得注意的是，国外大部分对风险信息披露进行深度挖掘的研究一般侧重在年报的单一特定部分（如Item1A或者MD&A）对该部分内容披露的风险因素进行分类，统计关键词，或者检验是否进行强制性披露。而没有同时针对Item1A和

MD&A 两个部分风险信息进行深度挖掘。而其余研究则是在全文对风险关键词和句子进行检索。然而，仅限于关键词检索的分析极易出现断章取义，这会将公司进行风险管理和风险防范的信息也包含在检索结果中，说服力不足。

二、年报风险信息披露与股价崩盘风险

股价崩盘风险指的是个股特有收益出现极端负值的概率（Jin and Myers，2006；Kim et al.，2011a）。股票发生崩盘的直接原因在于管理层的捂盘行为，一旦公司累积的负面消息被戳破，股价便会剧烈下挫。已有文献从代理问题导致的管理层机会主义视角和公司与投资者之间信息不对称视角来解释股价崩盘风险形成的动因。无论是管理层自利的机会主义行为（Verrecchia，2001；Graham et al.，2005；LaFond and Watts，2008；Ball，2009；Kim et al.，2011a；Kim et al.，2011b；Kothari et al.，2009），还是信息不对称导致投资者无法了解和发觉公司隐藏的风险因素（Jin and Myers，2006；Hutton et al.，2009；李小荣和刘行，2012；Bleck and Liu，2007），根本原因都在于隐藏风险。

另外，宋献中等（2017）提出已有研究都忽略了市场上投资者的情绪。他们认为股价崩盘风险受到外因和内因的共同影响，内因是公司最终戳破泡沫释放"坏消息"，外因则是外界投资者情绪的干扰。在对公司未来经济后果不确定时，任何源于外部的微小负面信息都会导致投资者情绪恐慌，促使股价波动，从而加剧股价崩盘风险。由此，两者交相呼应，共同引致了企业股价崩盘。

年报风险信息之所以会受到投资者关注，除了因为其是公

司向外进行风险信息披露的重要途径之一，还在于其是管理层对公司自身基本面风险的一个自我评估，体现了管理层向外披露"坏消息"的意愿。2007 年开始，证监会要求上市公司在年报中披露风险因素以向投资者具体揭示公司存在的风险因素，以使投资者了解公司风险状况，提醒其注意投资风险。可见风险信息披露的初衷，是要求管理层按照准则要求披露对公司发展战略和经营目标产生不利影响的风险因素。如果年报风险信息披露信息是及时、有足够信息含量的，能客观反映公司真实风险水平，那么精明的投资者通过年报了解到公司风险因素后，会结合自己所能获取的所有信息进行风险分析和判断，对该公司基本面风险进行评估和预测，并将所了解的信息反映到股价中，风险信息披露会及时被市场消化，降低股价崩盘的可能性。由此，风险信息披露可以缓解公司与外部投资者之间的信息不对称，提高信息透明度，促进市场的价格发现，降低股价未来崩盘的可能性。

另外，大多数批评者认为，公司管理层通常具有隐藏风险的倾向。因为披露风险对管理层职位和声誉以及股价平稳性均不利，从短期看会带来较多负面影响。然而不披露，如果风险因素发生，同样会对管理层声誉造成影响，会给公司带来严重的诉讼风险。因此管理层通常会采取一些策略性披露行为。例如，其一，通过将对公司影响较大、发生概率较大的风险因素与对公司影响较小、发生概率较小的风险因素同时披露，通过小概率风险来隐藏公司面临的重要风险因素。其二，在风险描述过程中，使用更多积极正面的词汇，并用较大篇幅来叙述风险应对措施，以弱化投资者对公司真实风险状况的感知。其三，在年报开头的"重大风险提示"部分，不进行实质性提示，而是简单地提示投资者注意下文"董事会报告"章节的风险因素，从而使投资者无法了解公司的重大风险项。因此，即使管理层按照准则要求进行了风险信息披露，仍然无法提高信息透明度，而信息不对称程度会增大。一旦精明的投资者发现公司披露策略，并从中判断出公司风险状况，对于公司积累已久的风险，犹如戳破泡沫的最后一根稻草，导致股票崩盘发生的概率增加。其四，由于风险信息披露本身所包含的不确定性，亦会给投资者情绪带来影响，尤其对于一些基本面经营状况不确定性较大的公司，这些负面消息也会造成市场恐慌，进而导致股价崩盘风险增大。

考虑到现实中管理层极少会充分、准确、及时地对自身风险因素进行揭示，本书更倾向于支持第二种观点。通过对上市公司风险信息披露准则的分析可知，准则对年报中两个部分明确规定了需要进行风险揭示，即年报开头"重大风险提示"和"董事会报告"中风险因素的描述。鉴于前人很少同时对两个部分进行分析，本书根据这两部分的风险信息披露特点，进行风险信息提取，并构建相应的指标。以同时考量两个部分的风险信息内容。

对年报目录之后的"重大风险提示"，在实际披露中，大部分公司用极少篇幅的文字进行表述。通过人工阅读后发现，大部分公司的"重大风险提示"，并未披露任何有意义的内容。其中有13%的样本没有披露或披露无重大风险，而58%的公司虽然有披露，但仅提示投资者参考"董事会报告"中相关的风险描述，或者重大风险提示内容与"董事会报告"中的风险因素完全相同，并没有按照准则要求的"重要性"原则进行重大风险提示，因此该部分并无信息价值。而仅有29%的公司根据准则的"重要性"原则进行了重大风险的实质性提示。尽管管理层可能会在该部分进行策略性披露，但是由于无法取得证据，我们只能假设没有实质性提示的公司比实质性提示的公司面临的风险更大，以致管理层倾向于进行不隐瞒。并提出以下研究假设：

假设1：相比于没有进行重大风险实质性提示的公司，进行实质性提示的公司股价崩盘的概率更大。

对于"董事会报告"中的风险因素描述段落，在实际披露中，往往详尽列示公司存在的所有风险因素、每项风险因素的详细概述及应对措施。因此该部分内容篇幅往往相对较大，也更容易进行以下策略性风险信息披露行为：通过小概率风险来隐藏公司面临的重要风险因素和通过积极的语气来弱化投资者风险感知。为此，我们参照前人研究分别设置了风险因素段落语调和段落与上年相似度两个指标，试图最大程度降低策略性披露所造成的影响，更好地对该部分的风险信息披露状况进行考量。

披露的语调指的是，通过标准的判断语义积极或消极性质的词库，对整个文本中词汇的语义进行判断，统计积极词汇数量和消极词汇数量，相减得到净语义，以认定文本内容是积极的或是消极的，语调的判断主要用于检验报告披露者的动机与报告内容是否一致。前人大量研究了管理层分析讨论（Li，2010a；Feldman et al.，2010）、盈余新闻稿（Huang et al.，2011）、电话会议底稿（Allee and Deangelis，2015）、信用评级报告（Agarwal，2016）的语调。目前，还没有人对风险信息披露进行语调分析。年报风险信息披露的语调，可能隐藏了管理层对公司风险的真实预期，也可能被管理层策略性操控。通常情况下，积极的语气可以弱化投资者对风险的感知，由此我们认为当风险因素段落与语气较为消极时，投资者对风险的感知力越强。并提出如下假设：

假设2：年报"董事会报告"中的风险因素段落语气悲观程度与股价崩盘风险之间呈正相关关系。

相似度指的是两个文件内容的相似程度，在本书中指本年"董事会报告"中风险信息披露描述与上年的相似度。SEC曾对财务报告中管理层讨论与分析（MD&A）部分内容的有用性提出了质疑，认为如果这部分信息一直保持不变可能会导致此部分信息无用。其中风险信息披露也具有类似的变动小的特点，为此，前人构建了相似度指标衡量当年文本信息内容与上年的差异（Nelson and Pritchard，2007；Feldman et al.，2010；Muslu et al.，2009；Brown and Tucker，2011）。相似度越小，表明差异越大，信息含量越多。因此，本书提出如下假设：

假设3：年报"董事会报告"中的风险因素段落内容与上年的相似度与股价崩盘风险之间呈负相关关系。

第二节　研究设计

一、样本选择与数据来源

中国年报风险信息披露始于2007年，因此本书研究对象为2007~2017年年度报告中披露的风险信息。我们利用计算机程序从年报中提取"重大风险提示"段落和"董事会报告"中的风险因素段落，剔除在提取过程中因为披露格式或披露规范导致无法提取的样本，最终得到 21224 个风险信息披露数据。由于本书观察风险信息披露后崩盘风险的变化，需要将崩盘风险滞后一期，删除控制变量缺失的数据，最终样本量进一步减少为 16236 个。本书其他变量数据均取自 CSMAR 和 Wind 数据库。为避免极端值影响，本书对所有连续变量进行了上下 1% 的 Winsorize 缩尾处理，对所有回归都控制了行业、年度效应且进行了公司维度的 Cluster 处理。

二、变量定义

（一）股价崩盘风险

前人对股价崩盘风险的衡量进行了较深入的研究，并确定了较为普遍的计算方法（Kim et al.，2011a，2011b；李小荣和刘行，2012；许年行等，2012；Jia and Zhang，2013；Callen and Fang，2013）。

本书采用负收益偏态系数（Ncskew）和收益上下波动比率（Duvol）测度公司股价暴跌风险（Kim et al.，2011a，2011b）。先计算出股票 i 在第 t 周的公司特有收益率 $W_{i,t}$，如模型（4-1）所示：

$$R_{i,t} = \alpha_i + \beta_1 R_{m,t-2} + \beta_2 R_{m,t-1} + \beta_3 R_{m,t} + \beta_4 R_{m,t+1} + \beta_5 R_{m,t+2} + \varepsilon_{i,t}$$

$$(4-1)$$

模型（4-1）中，$R_{i,t}$ 是股票 i 第 t 周考虑现金红利再投资的收益率，$R_{m,t}$ 为所有上市公司在第 t 周经流通市值加权的平均收益率。为了调整股票非同步性交易的影响，在模型（4-1）中加入市场收益率的前推项和滞后项，再根据模型（4-1）的残差 $\varepsilon_{i,t}$ 计算公司特有收益率 $W_{i,t} = Ln\,(1 + \varepsilon_{i,t})$。最后，利用公司特有收益率 $W_{i,t}$ 构造以下两个测度股价崩盘风险的变量：

（1）负收益偏态系数（Ncskew）：

$$Ncskew_{i,t} = -\left[n\,(n-1)^{\frac{3}{2}}\pi \sum W_{i,t}^{3} \right] \Big/ \left[n\,(n-1)(n-2)\left(\sum W_{i,t}^{2} \right)^{\frac{3}{2}} \right]$$

$$(4-2)$$

式（4-2）中，n 为每年股票 i 的交易周数，Ncskew 数值越大，表示偏态系数负的程度越严重，股价崩盘风险越大。

（2）收益上下波动比率（Duvol）：

$$Duvol_{i,t} = log\left\{ \left[(n_{up}-1)\sum_{down} W_{i,t}^{2} \right] \Big/ \left[(n_{down}-1)\sum_{up} W_{i,t}^{2} \right] \right\} \qquad (4-3)$$

式（4-3）中，n_{up}（n_{down}）为股票 i 的特有收益率 $W_{i,t}$ 超过（低于）年平均收益率 W_{i} 的周数。收益上下波动比率的数值越大，说明收益分布更向左偏，股价暴跌风险越大。

（二）年报风险信息披露

本节主要考察两个主要风险因素段落的信息含量，并使用以下指标来考察年报风险信息披露：

1. 重大风险实质性提示

自 2012 年《信息披露内容与格式准则》披露后，年报目录便增加了一个"重大风险提示"段落。我们通过 Python 程序提取出该部分内容，并对此进行人工阅读和分析。通过阅读每个报告的重大风险提示，将风险提示分为重大风险实质性提示和无实质提示，并设置 Dummy 变量。当重大风险提示中的风险项目与"董事会报告"风险因素中的风险项目相比数量更少，或者不完全一致时，我们认为其为"重大风险实质性提示"，并设置变量 SubstanTip 为 1，当重大风险提示中风险因素与董事会报告中风险因素一致，或者提示请投资者查阅"董事会报告"中的"公司面临的风险"部分时，设置 SubstanTip 为 0。由于我们仅考察实质性提示和无实质性提示的差别，而不打算重点探究该强制披露政策的效果，因此，该变量的取值范围仅从 2012 年开始。

2. 风险因素段落的语调

由于文本分析的中文应用还处于探索阶段，目前没有统一权威的词典和词库，本书借助 BosonNLP 平台进行中文情感分析。BosonNLP 提供了行业领先情感分析平台。该平台对数百万条社交网络平衡语料和新闻平衡语料进行了机器学习，以自主开发的半监督学习技术实现，在情感风险准确度上可以达到 80%~85%。因此，通过 BosonNLP 平台可以取得一段文中正面词汇和负面词汇的百分比。并据此计算风险因素段落的负面语调 Tone-neg = 负面词汇数/总词数，以及净语调 Tone-net =（正面词汇数 – 负面词汇数）/总词数。

3. 风险因素段落与上年相似度

Brown and Tucker（2011）以 MD&A 内容与上年相比类似程度来衡量企业 MD&A 部分披露内容不同年度的变化情况。本书也试图用此方法，考察年报风险信息与上年相比的差异。参考其做法，基于向量空间模型的余弦相似度计算了当年披露与上年披露的差异。差异越大，表明风险信息披露的信息含量越大，而并非模板式披露。计算方法如下：

首先，将两个文本进行分词，并统计出每个文本独特词汇的个数。

其次，构造空间向量模型。

$$v_1 = (w_1, \ w_2, \ \cdots, \ w_{n-1}, \ w_n) \text{ and } v_2 = (\psi_1, \ \psi_2, \ \cdots, \ \psi_{n-1}, \ \psi_n)$$

$$(4-4)$$

式（4-4）中，v_1 为第一个文件中的文件的向量，n 为文件中独特词语的个数。

例如，v_1 中有 2000 个词，这 2000 个词的个数分别为 w_1，w_2，$\cdots$，w_n；而在 V_2 中的个数分别为 ψ_1，ψ_2，$\cdots$，ψ_{n-1}，ψ_n。

最后，通过以下模型，计算两个空间向量的余弦相似度 Sim：

$$Sim = \cos(\theta) = \frac{v_1}{||v_1||} \cdot \frac{v_2}{||v_2||} = \frac{v_1 \cdot v_2}{||v_1|| \ ||v_2||}$$

$$(4-5)$$

在实际操作中，我们通过 Python 中的软件包 Gensim 来进行以上步骤的相似度计算。Gensim 是一个 Python 的自然语言处理库，能够将文档根据 TF-IDF、LDA、LSI 等模型转化成向量模式，以便进一步处理。最终，我们得到当年风险因素段落与上年相似度 Similarity。

4. 针对风险信息披露数量设置指标：关键词出现频数

前人研究发现，当公司经营存在较大不确定性时，往往会采用模糊披露来进行策略性掩盖，例如，财务报告更复杂难懂，负面词汇增多。因此，参照 McDonald（2011）的风险词典，整理了适用于中国年报风险词汇的关键词列表。通过计算机语言 Python 编写程序，在年度报告全文中检索所有风险关键词，并统计风险关键词出现的频数，作为衡量公司风险信息披露的指标之一。

（三）控制变量

前人研究发现内控信息披露影响公司未来股价崩盘风险，因此，本书采用"迪博·中国上市公司风险指数"的自然对数作

112

为风险质量的指标，用 Icd 表示。此外，参照 Hutton et al. (2009)，我们还对以下变量进行控制：个股月平均超额换手率（Dturn）、本期股价的负收益偏态系数（Ncskew）、股票年度周收益率的标准差（Sigma）、企业规模（Size）、经营业绩（ROA）、账面市值比（BTM）、股票年度平均周收益率（Ret）、负债率（Lev）、信息不透明度以及内部控制信息披露指数（ICD）。变量定义见表 4-1。

表 4-1　变量定义

变量	符号	变量名称与度量标准
被解释变量	Ncskew	滞后一期的负收益偏态系数，表示崩盘风险的大小，具体计算参见式（4-2），Ncskew 越大，股价崩盘风险越大
	Duvol	滞后一期的收益上下波动比率，表示崩盘风险的大小，具体计算参见式（4-3），Duvol 越大，股价崩盘风险越大
解释变量	SubstanTip	重大风险实质性提示，仅取 2012 年以后的样本，1 为具有重大风险实质性提示，0 为无。分类方法具体参见文中定义
	Tone_neg	"重大风险提示"中风险因素段落的负面语调，计算方法为 Tone-neg = 负面词汇数/总词数
	Tone_net	"重大风险提示"中风险因素段落的净语调，计算方法为 Tone-net =（正面词汇数 − 负面词汇数）/总词数
	Similarity	风险因素段落与上年相似度，计算方法参见文中定义，相似度越大，信息含量越低；相似度越小，信息含量越高
	Keywords	在年度报告全文中检索所有风险相关关键词，并统计风险关键词出现的频数
控制变量	Dturn	月平均超额换手率，为第 t 年股票 i 的月平均换手率与第 t-1 年股票 i 的月平均换手率的差
	Sigma	股票 i 在第 t 年的收益波动，为公司 i 在第 t 年周特有收益的标准差
	Ret	股票 i 在第 t 年的平均周特有收益率
	Size	公司总资产的自然对数
	BTM	账面市值比，$MB_{i,t}$ = 账面权益价值/（第 t 年末的股票价格 × 流通股数量 + 每股净资产 × 非流通股数量）
	Lev	公司的资产负债率
	Roa	总资产收益率，为第 t 年的净利润与第 t-1 年公司总资产的比值

续表

变量	符号	变量名称与度量标准
控制变量	ABACC	公司透明度，以可操纵应计利润的绝对值衡量，其中，可操纵应计利润由调整的 Jones 模型（Dechow et al.，1995）计算得到
	Firsthold	第一大股东持股比例，用以衡量公司股权集中程度
	ICD	内部控制信息披露质量，使用迪博数据库提供的内部控制信息披露指数
其他检验	EDR	业绩下行风险，参照 Konchitchki et al.（2016）的模型，通过计算实际会计盈余与期望会计盈余之间的差异，来判断每个公司业绩是否下行。具体计算方法见第三章
	SdRet	一年内股价平均波动率
	Offering	如果公司在 t 年或者 t+1 年进行证券再融资行为（包括股票和债券）的取值为 1，否则为 0
	Analydisp	分析师的预测偏差，在第 t 年对跟踪公司 i 的每个分析师计算他们的预测偏差，Opt = (F–A)/P，其中，F 为分析师预测的每股收益，A 为公司实际 EPS，P 为分析师盈利预测前一个交易日的股票价格。Optimism 为预测误差大于 0 的分析师比例
	Spread	买卖价差，买卖价差既可以衡量投资者间的信息不对称，也可以反映投资者异质信念的程度。参照熊家财和苏冬蔚（2016）的做法设立买卖价差计算模型，买卖价差越大，异质信念越强

三、模型设计

本书采用如下模型，检验提出的假设：

$$Crash_{t+1} = a_0 + b_1 RiskDisclosure_t + Controls_t + e \qquad (4-6)$$

式（4–6）中，$Crash_{t+1}$ 分别用 t+1 年的 Ncskew 和 Duvol 来度量；RiskDisclosure 为滞后一期风险信息披露指标，考察年报风险信息披露对公司未来股价崩盘风险的影响。Controls 为一组控制变量，由滞后一期 t–1 年的数值来度量，具体定义见上文。

第三节　实证结果与分析

一、描述性统计分析

通过描述性统计结果，股价崩盘风险衡量指标 Ncskew 和 Duvol 的均值分别为 -0.22 和 -0.16，该结果与许年行等（2012）的结果较为相似；而两个指标的标准差分别为 0.93 和 0.81，表明这两个指标在样本中存在较大波动。其中一个风险信息披露指标当年风险段落与上年差异 Similarity 的均值为 0.64，标准差为 0.43，表明平均而言当年与上年的风险因素段落还是趋近相似的，分值大小仍然有比较大的差异。风险因素段落负面词数量的均值为 0.44，表明该段落中负面词的数量不在少数，段落语气普遍偏负面，与风险因素段落特点一致，如表 4-2 所示。

表 4-2　主要变量描述性统计

Variables	N	Mean	sd	p25	p50	p75	Min	Max
Ncskew	16236	-0.220	0.930	-0.770	-0.180	0.380	-5.500	4.230
Duvol	16236	-0.160	0.810	-0.660	-0.150	0.360	-4.290	3.830
Similarity	16236	0.640	0.430	0.000	0.930	0.990	0.000	1.000
Tone_neg	16236	0.440	0.320	0.140	0.400	0.730	0.000	0.990
SubstanTip	8171	0.300	0.460	0.000	0.000	1.000	0.000	1.000
Dturn	16236	0.670	0.760	0.210	0.440	0.840	0.000	7.680
Sigma	16236	0.060	0.020	0.040	0.0500	0.0600	0.0100	0.430
Ret	16236	-0.020	0.080	-0.060	-0.020	0.0200	-0.450	0.620

续表

Variables	N	Mean	sd	p25	p50	p75	Min	Max
Size	16236	21.99	1.120	21.27	21.90	22.62	14.99	28.40
BTM	16236	0.510	0.250	0.320	0.490	0.680	0.0700	1.120
Lev	16236	0.460	0.230	0.280	0.460	0.620	0.0500	1.160
ROA	16236	0.220	0.390	0.030	0.100	0.250	−0.450	2.350
ABACC	16236	0.000	0.110	−0.050	0.000	0.0400	−0.430	0.460
Firsthold	16236	0.360	0.150	0.240	0.350	0.470	0.0900	0.760
ICD	16236	6.500	0.150	6.470	6.520	6.570	2.190	6.900

二、相关性分析

表 4-3 的相关系数分析中，Ncskew 与 Duvol 相关系数高达 0.921，且在 1%水平上显著，说明这两个衡量股价崩盘风险的指标有较强的一致性。相似度（Similarity）与崩盘风险负相关，但并无统计显著性，可能是由于风险因素相似度通常比较大，因此该变量的分布明显左偏，在没有控制行业年度时，没有显著的相关性。语气的负面程度指标（Tone_neg）和是否有重大风险实质性提示（SubstanTip），都与崩盘风险的两个指标显著正相关，表明风险描述语气越悲观，未来股价崩盘风险越大，当有重大风险实质性提示时，未来股价崩盘风险越大，这与假设 2 和假设 3 一致。假设 1 和假设 2 得到初步验证。

表 4-3 相关系数分析

	Ncskew	Duvol	Similarity	Tone_neg	SubstanTip	Dturn	Sigma	Ret
Ncskew	1.0000							
Duvol	0.921***	1.0000						
Similarity	-0.0090	-0.0020	1.0000					
Tone_neg	0.027***	0.029***	-0.018**	1.0000				
SubstanTip	0.048***	0.046***	-0.0120	-0.043***	1.0000			
Dturn	0.049***	0.047***	-0.045***	0.021***	0.225***	1.0000		
Sigma	-0.228***	-0.265***	0.0090	0.0070	0.060***	0.153***	1.0000	
Ret	-0.585***	-0.690***	-0.015*	-0.032***	0.079***	-0.020***	0.242***	1.0000
Size	-0.089***	-0.110***	0.079***	-0.055***	-0.155***	-0.141***	-0.014*	0.039***
BTM	0.099***	0.151***	0.023***	-0.029***	-0.185***	-0.226***	-0.409***	-0.238***
Lev	-0.026***	-0.019***	-0.074***	-0.027***	-0.250***	-0.216***	-0.028***	-0.060***
ROA	-0.021**	-0.044***	0.015*	0.0020	0.183***	0.164***	-0.021***	0.106***
ABACC	0.0090	0.0110	0.0100	-0.0120	0.021*	0.024***	-0.017*	0.0040
Firsthold	-0.055***	-0.052***	0.014*	0.0000	-0.031***	-0.0040	-0.052***	0.0070
ICD	-0.053***	-0.065***	-0.029***	-0.048***	0.034**	-0.062***	-0.112***	0.100***

续表

	Size	BTM	Lev	ROA	ABACC	Firsthold	ICD
Size	1.0000						
BTM	0.061***	1.0000					
Lev	-0.091***	0.393***	1.0000				
ROA	0.156***	-0.283***	-0.541***	1.0000			
ABACC	0.087***	0.022***	-0.040***	0.099***	1.0000		
Firsthold	0.231***	0.106***	0.017**	0.033***	0.025***	1.0000	
ICD	0.322***	0.091***	-0.065***	0.144***	0.082***	0.130***	1.0000

注：***、**和*分别代表在1%、5%和10%的水平上显著。

三、回归结果分析

（一）重大风险实质性提示与股价崩盘风险

表 4-4 列示了重大风险实质性提示与股价崩盘风险的结果分析，使用 OLS 回归估计模型，先进行单变量回归，再加入其他影响因素。其中列（1）和列（2）使用 Ncskew 作为股价崩盘风险的指标，列（3）和列（4）使用 Duvol 作为股价崩盘风险的指标。回归结果显示：无论是单变量回归还是多元回归，衡量崩盘风险的系数均显著为正，且在 1% 水平显著。研究结果表明，当公司进行重大风险实质性提示时，则崩盘风险发生可能性越大。研究结果与假设 1 推导一致。从控制变量上看显著性与符号均与现有研究类似（Kim et al.，2011a，2011b；Callen and Fang，2013）。这也表明本书的研究具有较高的可靠性。

表 4-4　重大风险实质性提示与股价崩盘风险

Variables	Ncskew		Duvol	
	（1）	（2）	（3）	（4）
SubstanTip	0.173*** (3.20)	0.188*** (3.45)	0.113** (2.38)	0.142*** (2.94)
Dturn		0.111*** (3.06)		0.119*** (3.55)
Sigma		−2.784*** (−3.33)		−2.203*** (−3.01)
Ret		3.509*** (19.77)		3.296*** (21.21)
Size		0.135*** (2.69)		0.144*** (3.40)
BTM		−0.443** (−2.43)		−0.482*** (−3.04)

续表

Variables	Ncskew		Duvol	
	(1)	(2)	(3)	(4)
Lev		0.249 (1.12)		0.336* (1.80)
ROA		−0.027 (−0.40)		0.013 (0.23)
ABACC		0.047 (0.30)		0.079 (0.58)
Firsthold		0.265 (0.73)		0.119 (0.38)
ICD		−0.049 (−0.50)		−0.074 (−0.81)
Constant	−0.363*** (−22.60)	−2.843** (−2.11)	−0.246*** (−17.48)	−2.773** (−2.38)
Obs	7229	7229	7229	7229
AdjR−sq	0.002	0.099	0.001	0.115
F	10.22	49.02	5.672	56.35

注：***、**和*分别代表在1%、5%和10%的水平上显著。

（二）风险因素负面语气与股价崩盘风险

表4-5列（1）和列（2）列示了"董事会报告"中风险因素段落语气负面程度与股价崩盘风险的检验。分别使用 Ncskew 和 Duvol 作为股价崩盘风险的衡量指标，在对公司特征、内控信息披露等因素进行控制后，风险因素段落负面语气（Tone_neg）的系数分别为 0.057 和 0.047，且均在 5%水平显著。未列示出的单变量回归结果也类似。表明风险因素段落语言越悲观，股价崩盘风险发生的概率越大，支持假设 2。

（三）风险因素相似度与股价崩盘风险

表4-5列（3）和列（4）列示了"董事会报告"中风险因素段落与上年相似度和股价崩盘风险的检验。使用 Ncskew 和 Duvol 作为股价崩盘风险的衡量指标，在对公司特征、内控信息披露等

因素进行控制后，风险因素段落相似度（Similarity）的系数分别为-0.081 和-0.071，且均在 1%水平显著。表明当年风险信息披露内容与上年越相似，则崩盘风险越小，越不相似，则崩盘风险越大，假设 3 得到验证。以上三个结论，一方面回答了关于年报风险信息披露是否具有可用性的问题，即无论是年报开头的重大风险提示，还是"董事会报告"中对风险因素的描述，均显著与未来股价崩盘风险的发生显著相关，因此，风险信息披露具有预测公司股价崩盘风险发生的功能；另一方面，初步回答了年报风险信息披露的信息性质问题，以上所检验的重大风险实质性提示、风险因素的负面语气程度，低相似度都使得股价崩盘发生的概率增大，表明从年报风险信息披露的这三个特征可以获取公司风险水平的信息，并提高投资者风险感知能力。

表 4-5　风险因素负面语气、相似度与崩盘风险

Variables	Ncskew		Duvol	
	（1）	（2）	（3）	（4）
Tone_neg	0.057**	0.047**		
	(2.32)	(2.21)		
Similarity			−0.081***	−0.071***
			(−3.18)	(−3.19)
Dturn	−0.004	0.005	−0.001	0.005
	(−0.34)	(0.42)	(−0.05)	(0.34)
Sigma	−3.545***	−2.515***	−3.657***	−3.007***
	(−9.03)	(−7.40)	(−7.88)	(−7.49)
Ret	1.045***	0.854***	1.547***	1.376***
	(10.44)	(9.69)	(13.65)	(14.10)
Size	0.017**	0.022***	0.126***	0.155***
	(2.25)	(3.07)	(6.68)	(9.75)
BTM	−0.631***	−0.472***	−0.946***	−0.741***
	(−16.22)	(−13.98)	(−14.61)	(−13.46)
Lev	0.210***	0.132***	0.297***	0.293***
	(4.88)	(3.53)	(3.02)	(3.43)

续表

Variables	Ncskew		Duvol	
	(1)	(2)	(3)	(4)
ROA	0.009	−0.002	0.013	0.003
	(0.36)	(−0.09)	(0.32)	(0.08)
ABACC	0.078	0.091	0.117	0.117*
	(1.10)	(1.48)	(1.48)	(1.69)
Firsthold	−0.278***	−0.248***	−0.237	−0.334**
	(−5.32)	(−5.45)	(−1.48)	(−2.44)
ICD	0.041	−0.005	0.150**	0.123**
	(0.74)	(−0.11)	(2.30)	(2.08)
Constant	−0.380	−0.214	−3.268***	−3.786***
	(−1.08)	(−0.67)	(−5.46)	(−7.30)
Obs	14598	14598	14598	14598
AdjR−sq	0.032	0.026	0.060	0.062
F	48.25	37.36	79.18	82.14

注：***、**和*分别代表在1%、5%和10%的水平上显著。

（四）稳健性检验

1. 内生性控制

为尽量避免以上研究结论可能存在的内生性问题，本书使用两种方法来进行控制：

（1）工具变量法。借鉴 Ghoul et al.（2011）的方法构造工具变量，以同行业内其他公司的年报风险信息披露的均值作为工具变量。应用两阶段工具变量法进行内生性控制。由于本书风险信息披露的指标包括是否进行重大风险实质性提示的虚拟变量以及针对"董事会报告"中风险段落的负面语调（Tone_neg）和相似度（Similarity）。而虚拟变量无法按照上述方法生成工具变量，因此，仅针对负面语调和相似度两个变量构造工具变量。前人研究发现公司的信息披露水平会受到同行业披露水平的影响（Campbell et al.，2014），但同行业风险信息披露水平对本公司崩盘风险又不存在直接影响，因而满足工具变量的选取条件①。本书采用剔除本公司后同行业风险段落的负面语调平均值（Ind_tone）和相似度平均值（Ind_simi），分别作为工具变量对负面语调和相似度两个风险信息披露衡量指标进行两阶段回归，表4-6列示了工具变量法的检验结果：列（1）~（3）对负面语调检验中，列（1）为第一阶段回归，以工具变量及其他影响因素对解释变量（Tone_neg）进行回归，发现行业风险信息披露平均变化水平（Ind_tone）与风险信息披露变化值（Tone_neg）显著正相关；列（2）和列（3）为第二阶段回归，以第一阶段回归拟合值（IV_tone）分别与两个崩盘风险的指标作为解释变量进行回归，结果均显著为正。列（4）~（6）对相似度的检验中，列（4）为第一阶段回归，以工具变量及其他影响因素对解释变量Similarity进行回归，发现行业风险信息披露平均变化水平（IV_simi）与风险信息披露变化值Similarity显著正相关；列（5）和列（6）为第二阶段回归，以第一阶段回归拟合值（IV_simi）分别与两个崩盘风险的指标作为解释变量进行回归，结果均显著为负。工具变量的检验结果显示，本书研究结论较稳健。

表4-6 风险因素负面语气、相似度与崩盘风险

变量	第一阶段	第二阶段	第二阶段	变量	第一阶段	第二阶段	第二阶段
	Tone_neg（1）	Ncskew（2）	Duvol（3）		Similarity（4）	Ncskew（5）	Duvol（6）
IV_tone	0.505***（10.35）			IV_simi	0.934***（56.72）		
		1.314***（2.69）	0.242**（2.32）			−1.131**（−2.13）	−1.148**（−2.40）

① 工具变量的选取通过过度识别检验，且工具变量与自变量存在相关性。

续表

变量	第一阶段 Tone_neg (1)	第二阶段 Ncskew (2)	第二阶段 Duvol (3)	变量	第一阶段 Similarity (4)	第二阶段 Ncskew (5)	第二阶段 Duvol (6)
Dturn	0.003 (0.79)	−0.011 (−0.72)	0.006 (0.48)	Dturn	0.012** (2.54)	−0.009 (−0.52)	0.010 (0.64)
Sigma	−0.132 (−1.16)	−4.028*** (−9.04)	−2.572*** (−7.39)	Sigma	0.080 (0.54)	1.077* (1.70)	1.355** (2.38)
Ret	−0.055* (−1.81)	1.194*** (9.46)	0.888*** (9.67)	Ret	−0.042 (−1.08)	0.572*** −4.37	0.460*** (3.90)
Size	−0.010*** (−4.02)	0.045*** (4.01)	0.022*** (3.12)	Size	−0.003 (−1.08)	0.040*** (3.17)	0.037*** (3.30)
BTM	−0.007 (−0.61)	−0.646*** (−14.49)	−0.477*** (−13.76)	BTM	0.062*** (3.92)	−0.371*** (−5.35)	−0.275*** (−4.39)
Lev	−0.028** (−2.04)	0.291*** (5.70)	0.149*** (3.88)	Lev	−0.111*** (−6.35)	0.028 (0.34)	−0.014 (−0.19)
ROA	−0.020** (−2.51)	0.058* (1.93)	−0.001 (−0.04)	ROA	0.029*** (2.99)	0.076** (2.11)	0.062* (1.91)
ABACC	−0.045** (−2.27)	0.095 (1.25)	0.087 (1.45)	ABACC	0.006 (0.25)	0.049 (0.64)	0.069 (1.00)
Firsthold	0.025 (1.59)	−0.304*** (−5.19)	−0.262*** (−5.70)	Firsthold	0.049** (2.43)	−0.231*** (−3.25)	−0.201*** (−3.14)
ICD	−0.045*** (−2.63)	0.063 (0.98)	0.005 (0.10)	ICD	0.008 (0.36)	−0.051 (−0.79)	−0.072 (−1.23)
Constant	0.759*** (6.77)	−1.770*** (−2.74)	−0.363 (−1.09)	Constant	0.045 (0.31)	0.050 (0.10)	0.194 (0.41)
Obs	18482	16236	16236	Obs	18482	16236	16236
AdjR-sq	0.057	0.068***	0.087	AdjR-sq	0.137	0.034	0.071
F	36.99	45.49	64.74	F	119.9	23.37	23.37

注：***、** 和 * 分别代表在1%、5%和10%的水平上显著。

（2）双重差分检验。对于 2012 年《信息披露内容与格式准则》要求增加披露的"重大风险提示"段落，在进行数据收集过程中发现，仅 29% 的样本进行了实质性提示，而除没有披露的公司外，58%的公司仅提示投资者注意查看"董事会报告"中的风险因素描述。进行了实质性提示的公司，其股价崩盘风险发生的可能性确实更大。我们采用双重差分对此结论进行检验。实验组为进行实质性风险提示的公司，控制组则为从未进行实质性提示的公司。由于较多公司并非在 2012 年《信息披露内容与格式准则》颁布的当年立即进行重大风险实质性提示，而是准则披露后陆续进行披露。而我们的目的并非以《信息披露内容与格式准则》作为事件时点而检验准则对市场的作用，而是检验实质性提示对市场的影响，因此，事件时点为每个公司首次进行实质性提示的年份。首先通过倾向性评分匹配 PSM，按照一比一近邻匹配，在没有进行实质性提示的公司中找出与实验组最接近的样本。其次参照周黎安和陈烨（2005）、靳庆鲁等（2015）构造多时点的双重差分模型进行检验，在模型中，D 为 1 时为实验组，0 则为其他；公司首次进行重大风险实质性提示，则对于该公司而言，该时刻以后为 1，其余为 0。在模型中控制了公司固定效应。检验结果如表 4-7 所示：无论是否加入控制变量，不同解释变量的两个回归，交乘项系数都显著为正，表明进行实质性提示以后确实更容易发生股价崩盘。

表 4-7　双重差分检验：重大风险实质性提示与崩盘风险

Variables	Ncskew	Ncskew	Duvol	Duvol
	（1）	（2）	（3）	（4）
D*T	0.097**	0.079*	0.088***	0.070*
	(2.57)	(1.90)	(2.64)	(1.92)
Dturn		−0.025		−0.011
		(−1.07)		(−0.54)
Sigma		3.943***		3.291***
		(4.16)		(4.13)

续表

Variables	Ncskew	Ncskew	Duvol	Duvol
	(1)	(2)	(3)	(4)
Ret		0.540***		0.458***
		(3.01)		(2.93)
Size		0.351***		0.368***
		(9.07)		(10.78)
BTM		−0.650***		−0.657***
		(−4.92)		(−5.78)
Lev		0.566***		0.573***
		(3.84)		(4.37)
ROA		−0.019		−0.029
		(−0.40)		(−0.69)
ABACC		−0.024		−0.011
		(−0.20)		(−0.11)
Firsthold		−0.788***		−0.972***
		(−3.46)		(−4.70)
ICD		0.057		−0.016
		(0.52)		(−0.15)
Constant	0.028	−8.003***	0.031	−7.798***
	(0.86)	(−7.45)	(1.12)	(−8.14)
FE	Yes	Yes	Yes	Yes
AdjR−sq	0.037	0.090	0.028	0.095
F	35.99	35.55	26.71	36.59

注：***、** 和 * 分别代表在 1%、5% 和 10% 的水平上显著。

2. 更换解释变量

由于本书是首个在该领域使用风险信息披露指标的研究，主假设的结论还存在指标衡量准确性的问题，为保证研究结论的可靠性，本书更换了风险信息披露的测度。其一，对实质性风险提示指标，扩大其样本量，进行实质性提示的公司为 1，没有的则为 0，将 2012 年以前样本也纳入回归，表 4-8 列（1）和列（2）显示，虽然回归系数变小，显著性也有所下降，但结论仍然不变。其二，对于语调的测度，将负面语调改为净语调（Tone_net），回归结果如表 4-8 列（3）和列（4）所示，结果仍然一致。其三，考虑到前人研究多使用统计风险关键词的方法，本书通过参照 McDonold（2011）的风险关键词汇，整理出中文版风险相关词汇，并全文搜索，统计出风险相关词汇出现的频数，以该频数比上全文字数，作为风险衡量指标。回归结果如表 4-8 列（5）和列（6）所示，风险关键词越多，股价崩盘发生的可能性越大。

表 4-8　风险信息披露其他衡量指标与崩盘风险

Variables	Ncskew	Duvol	Ncskew	Duvol	Ncskew	Duvol
	（1）	（2）	（3）	（4）	（5）	（6）
SubstanTip	0.068** (1.98)	0.059* (1.92)				
Tone_net			−0.029** (−2.38)	−0.025** (−2.38)		
Keywords					0.112** (1.97)	0.141** (2.56)
Dturn	0.007 (0.39)	0.012 (0.77)	0.007 (0.39)	0.012 (0.77)	−0.022 (−1.14)	−0.006 (−0.35)
Sigma	−3.659*** (−7.85)	−3.009*** (−7.46)	−3.659*** (−7.85)	−3.009*** (−7.46)	2.652*** (3.63)	2.346*** (3.82)
Ret	1.554*** (13.71)	1.382*** (14.17)	1.554*** (13.71)	1.382*** (14.17)	0.660*** (5.09)	0.527*** (4.71)
Size	0.110*** (5.90)	0.142*** (8.96)	0.110*** (5.90)	0.142*** (8.96)	0.315*** (12.21)	0.324*** (14.92)
BTM	−0.980*** (−15.14)	−0.771*** (−14.01)	−0.980*** (−15.14)	−0.771*** (−14.01)	−0.750*** (−8.58)	−0.718*** (−9.64)
Lev	0.278*** (2.81)	0.276*** (3.22)	0.278*** (2.81)	0.276*** (3.22)	0.508*** (5.00)	0.507*** (5.71)
ROA	0.023 (0.57)	0.011 (0.32)	0.023 (0.57)	0.011 (0.32)	−0.018 (−0.44)	−0.032 (−0.94)

续表

Variables	Ncskew	Duvol	Ncskew	Duvol	Ncskew	Duvol
	(1)	(2)	(3)	(4)	(5)	(6)
ABACC	0.119 (1.52)	0.119* (1.72)	0.119 (1.52)	0.119* (1.72)	0.058 (0.74)	0.070 (1.02)
Firsthold	−0.208 (−1.29)	−0.309** (−2.24)	−0.208 (−1.29)	−0.309** (−2.24)	−0.594*** (−3.68)	−0.625*** (−4.50)
ICD	0.161** (2.45)	0.134** (2.24)	0.161** (2.45)	0.134** (2.24)	0.025 (0.39)	0.004 (0.06)
Constant	−3.061*** (−5.07)	−3.605*** (−6.90)	−3.061*** (−5.07)	−3.605*** (−6.90)	−7.727*** (−10.52)	−7.957*** (−12.22)
Obs	14598	14598	14598	14598	14598	14598
AdjR−sq	0.059	0.061	0.059	0.061	0.091	0.092
F	78.43	81.33	78.43	81.33	72.01	71.96

注：***、** 和 * 分别代表在1%、5%和10%的水平上显著。

3. 更换被解释变量

与股价崩盘风险类似，股价波动性也是衡量公司风险水平的指标，为此，以年度市场回报波动率更换为被解释变量，回归结果如表4-9列（1）~（3）所示，三个衡量风险信息披露的指标均具有统计显著性，系数的方向与主回归中系数方向一致。

（五）进一步检验

1. 三种风险信息披露衡量方法同时考虑

大部分国外年报风险信息披露的研究都将关注点放在风险因素的描述段落，很少同时对两个部分的风险信息披露内容进行考察。由于风险信息披露的语气与披露的相似度及实质性提示三个指标为年报风险信息披露的三个不同方面的特征，三者之间没有直接的相关性，因此即使将三个风险信息披露衡量指标同时放入回归方程，也不会出现共线性的问题。一方面，可以检验出重大风险提示和董事会报告中的风险描述中，哪一个部分的风险信息对崩盘风险的解释力更强；另一方面，也可以检验出何种维度的测度方法，更具有信息含量，能更好地预测股价崩盘风险的发生。同时放入模型后，其中有变量不再显著，或者符号有变动，则说明该变量对崩盘风险的影响可以被另一个影响和替代。

回归结果如表 4-9 列（4）和列（5）所示，同时对三个变量进行检验后发现，实质性提示（SubstanTip）仍然显著正相关，但风险因素描述部分的负面语气（Tone_neg）和相似度（Similarity）虽然符号仍然一致，但不显著。结果表明，重大风险实质性提示所包含的信息丰富，甚至能提供另外两个指标所提供的信息量，在对未来股价崩盘风险预测的能力上要显著高于后两者。

表 4-9　替换被解释变量和解释变量同时回归

Variables	SdRet			Ncskew	Duvol
	（1）	（2）	（3）	（4）	（5）
SubstanTip	0.002*** (7.09)			0.074*** 0.074***	0.053** 0.053**
Tone_neg		0.001* (1.69)		0.059 (1.58)	0.052 (1.58)
Similarity			−0.003*** (−7.10)	−0.005 (−0.14)	−0.012 (−0.39)
Dturn	0.001*** (7.23)	0.005*** (18.36)	0.005*** (18.17)	−0.005 (0.73)	−0.012 (1.38)
Sigma	0.052*** (6.79)	0.367*** (46.13)	0.369*** (46.41)	1.388* (1.79)	1.290* (1.90)
Ret	−0.001 (−0.47)	−0.018*** (−8.50)	−0.019*** (−8.68)	1.006*** (6.26)	0.963*** (6.66)
Size	0.001*** (5.52)	0.000 (1.52)	0.000* (1.89)	0.032** (2.37)	0.037*** (2.95)
BTM	−0.006*** (−10.67)	−0.002** (−1.98)	−0.001 (−1.64)	−0.514*** (−7.77)	−0.475*** (−8.26)

续表

Variables	SdRet			Ncskew	Duvol
	(1)	(2)	(3)	(4)	(5)
Lev	−0.000 (−0.07)	0.000 (0.15)	−0.000 (−0.48)	0.198*** (2.77)	0.185*** (3.03)
ROA	−0.004*** (−6.94)	−0.001 (−1.48)	−0.001 (−1.55)	0.015 (0.41)	0.029 (0.89)
ABACC	0.001 (0.34)	−0.001 (−0.97)	−0.001 (−0.98)	0.015 (0.13)	0.011 (0.11)
Firsthold	−0.002* (−1.81)	0.004*** (3.17)	0.004*** (3.19)	−0.236*** (−3.15)	−0.232*** (−3.49)
ICD	−0.007*** (−5.11)	−0.001 (−0.70)	−0.001 (−1.07)	−0.117 (−1.63)	−0.152** (−2.10)
Constant	0.048*** (5.51)	0.012 (1.52)	0.015** (2.01)	−0.393 (−0.74)	−0.121 (−0.24)
Obs	17300	17300	17300	8171	8171
AdjR−sq	0.019	0.169	0.171	0.071	0.068
F	41.33	110.9	112.7	15.34	14.41

注：***、** 和 * 分别代表在 1%、5% 和 10% 的水平上显著。

2. 调节效应的检验

鉴于上文发现重大风险实质性提示所包含的信息可以包含另外两个指标所提供的信息量。为此，在以下的进一步检验中，本书以重大风险实质性提示（SubstanTip）解释变量进行考察。

（1）公司风险水平。监管机构要求上市公司进行年报风险信息披露的最根本的目的在于，为投资者提供更多关于公司风险水平的信息，从而能够对投资者起到风险预警的作用。如果风险信息披露具有信息含量，能起到预警的作用，对于风险较大的公司而言，其效用应该更加明显，即公司的风险水平能影响年报风险信息披露对公司未来风险的预测能力，风险越大，股价崩盘的可能性也越大。本书以业绩下行风险（EDR）和股价波动性（SdRet）两个指标来衡量公司的风险水平，指标的计算参照上文中的变量定义表。两个指标分别从公司基本面及资本市场两个维度来考察公司所面临的风险状况。将样本分别按照EDR 和 SdRet 的中位数分为高低两组，通过分组回归，检验两组回归解释变量系数的差异。

表 4-10 列（1）~（4）列示了按照业绩下行风险（EDR）进行分组回归后的结果，无论是以 Ncskew 作为被解释变量还是以 Duvol 作为被解释变量，在分组回归中风险较高组进行重大风险实质性提示时，对于未来股价崩盘风险的影响都更显著，而在风险较低组，几乎看不到两者之间显著的关系。

表 4-10 列（5）~（8）则列示了按照股价波动性（SdRet）进行分组回归后的结果，同样无论是以 Ncskew 作为被解释变量还是以 Duvol 作为被解释变量，在分组回归中风险较高组进行重大风险实质性提示时，对于未来股价崩盘风险的影响都更显著，而在风险较低组，也看不到两者之间显著的关系。因此，该研究结论表明：年报风险信息披露具有风险预警效应，当公司风险水平更高时，年报风险信息披露对于股价崩盘风险的影响都更显著。即公司基本面风险的大小对两者关系具有正向影响。

表 4-10　业绩下行风险及股市波动率的影响效应

Variables	按照业绩下行风险分组				按照股市波动性分组			
	Ncskew		Duvol		Ncskew		Duvol	
	风险高	风险低	风险高	风险低	波动性高	波动性低	波动性高	波动性低
	（1）	（2）	（3）	（4）	（5）	（6）	（7）	（8）
SubstanTip	0.154***	0.007	0.099***	−0.007	0.076**	0.047	0.035*	0.033
	(4.25)	(0.24)	(4.21)	(−0.39)	(2.44)	(1.40)	(1.77)	(1.47)
Dturn	−0.013	−0.013	0.003	−0.011	−0.042***	0.056**	−0.022**	0.043**
	(−0.62)	(−0.71)	(0.19)	(−0.95)	(−2.60)	(2.20)	(−2.08)	(2.34)

续表

Variables	按照业绩下行风险分组				按照股市波动性分组			
	Ncskew		Duvol		Ncskew		Duvol	
	风险高	风险低	风险高	风险低	波动性高	波动性低	波动性高	波动性低
	(1)	(2)	(3)	(4)	(5)	(6)	(7)	(8)
Sigma	−2.574***	−4.281***	−1.275***	−2.292***	−4.011***	−3.497***	−1.845***	−2.243***
	(−4.00)	(−8.34)	(−2.94)	(−6.80)	(−7.20)	(−5.23)	(−5.10)	(−4.91)
Ret	1.321***	0.812***	1.046***	0.471***	0.888***	1.294***	0.591***	0.870***
	(8.32)	(5.85)	(9.29)	(4.96)	(6.00)	(8.38)	(5.89)	(7.84)
Size	0.012	0.043***	0.009	0.032***	0.031**	0.032***	0.020**	0.025***
	(1.02)	(3.70)	(1.07)	(4.26)	(2.32)	(3.04)	(2.26)	(3.44)
BTM	−0.688***	−0.570***	−0.403***	−0.338***	−0.516***	−0.683***	−0.294***	−0.425***
	(−11.38)	(−9.93)	(−9.64)	(−8.80)	(−7.67)	(−12.86)	(−6.59)	(−11.46)
Lev	0.216***	0.332***	0.113**	0.228***	0.207***	0.320***	0.135***	0.200***
	(3.20)	(5.09)	(2.44)	(5.17)	(2.80)	(5.27)	(2.78)	(4.71)
ROA	0.071	0.040	0.070**	0.035	0.062*	0.012	0.056**	0.009
	(1.59)	(1.20)	(2.22)	(1.53)	(1.65)	(0.33)	(2.22)	(0.36)
ABACC	0.067	0.102	0.072	0.075	−0.076	0.202**	−0.062	0.170***
	(0.62)	(1.11)	(0.99)	(1.26)	(−0.76)	(2.11)	(−0.96)	(2.59)
Firsthold	−0.204**	−0.339***	−0.174***	−0.221***	−0.432***	−0.175**	−0.263***	−0.154***
	(−2.54)	(−4.71)	(−3.11)	(−4.50)	(−5.25)	(−2.48)	(−4.73)	(−3.12)
ICD	−0.013	0.113	−0.026	0.071	−0.041	0.038	−0.046	0.023
	(−0.19)	(1.15)	(−0.53)	(1.11)	(−0.50)	(0.49)	(−0.83)	(0.44)
Constant	−0.044	−1.393**	−0.008	−1.056***	−0.044	−0.844*	0.006	−0.666**
	(−0.09)	(−2.31)	(−0.02)	(−2.62)	(−0.08)	(−1.75)	(0.02)	(−1.98)
Obs	6739	7859	8524	9958	5887	8711	7731	10751
AdjR−sq	0.048	0.031	0.038	0.019	0.038	0.039	0.023	0.026
F	11.67	8.812	11.58	7.045	8.190	12.01	6.752	9.973

注：***、** 和 * 分别代表在 1%、5% 和 10% 的水平上显著。

（2）产权性质。中国体制较为特殊，上市公司很大一部分由国有企业转制而成，国家控股的制度安排，使得国有企业在许多方面表现出与非国有企业全然不同的特点，也为我们研究问题提供了独特的视角。产权性质不同对于风险信息披露与股价崩盘风险之间的关系的影响可能来自激励机制的不同。一方面，目前大部分国有企业公司高管的薪酬激励远达不到市场水平，这使得国企管理层倾向于风险规避，因为风险承担的成本往往高于收益。另一方面，国企高管比民营企业高管具有更高政治晋升的动力，而维持好公司声誉及自我的声誉有益于其更长久地维持职位并实现晋升。相比之下，非国有企业高管更倾向于冒险，由于存在信息不对称，他们冒险获得的收益往往高于成本。为了获取更多收益，降低成本，往往会进行风险隐藏。而非国企高管相对更少看重公司和自身声誉。因此我们将样本按照产权性质区分为两组，比较两组中风险信息披露与股价崩盘风险关系的差异。

表 4-11 列示了分组回归结果。结果显示，风险信息披露对股价崩盘风险的影响主要存在于非国有企业中，而在国有企业中则几乎看不到显著影响。结果表明，国有企业往往更少隐藏风险，公司的风险信息能够很快被市场上的投资者所获取，融入股价，因此在其年报风险信息披露中提供的风险信息，很难对公司崩盘风险产生影响。

表 4-11　产权性质的影响效应

Variables	按照产权性质分组			
	Ncskew		Duvol	
	国有	非国有	国有	非国有
	（1）	（2）	（3）	（4）
SubstanTip	0.038 (0.82)	0.076** (2.52)	0.024 (0.75)	0.037** (1.98)
Dturn	−0.039 (−1.52)	−0.020 (−1.20)	−0.035* (−1.91)	−0.001 (−0.07)
Sigma	−3.076*** (−4.76)	2.518*** (3.50)	−2.040*** (−4.48)	1.918*** (4.09)

续表

Variables	按照产权性质分组			
	Ncskew		Duvol	
	国有	非国有	国有	非国有
	（1）	（2）	（3）	（4）
Ret	1.221*** (7.79)	0.290* (1.91)	0.869*** (7.51)	0.187* (1.87)
Size	0.023** (2.04)	0.091*** (6.31)	0.019** (2.27)	0.068*** (7.23)
BTM	−0.819*** (−14.12)	−0.393*** (−5.86)	−0.551*** (−13.12)	−0.253*** (−5.78)
Lev	0.276*** (3.87)	0.227*** (3.53)	0.158*** (3.10)	0.156*** (3.72)
ROA	−0.002 (−0.05)	0.029 (0.94)	−0.003 (−0.09)	0.020 (0.98)
ABACC	0.189* (1.75)	−0.009 (−0.10)	0.158** (2.06)	0.007 (0.12)
Firsthold	−0.301*** (−3.84)	−0.313*** (−4.19)	−0.220*** (−3.88)	−0.254*** (−5.10)
ICD	0.075 (1.03)	−0.182* (−1.94)	0.023 (0.45)	−0.115* (−1.91)
Constant	−0.751 (−1.60)	−0.857 (−1.41)	−0.362 (−1.07)	−0.827** (−2.08)
Obs	7030	7399	8480	9797
AdjR−sq	0.054	0.056	0.040	0.046
F	13.49	11.94	12.07	12.56

注：***、** 和 * 分别代表在 1%、5%和 10%的水平上显著。

3. 机制检验

由于股价崩盘风险发生的根本原因在于信息不对称程度大，管理层隐藏风险，进而导致风险的累积和爆发。以上研究表明，年报风险信息披露显著提高了股价崩盘风险，而年报风险信息披露影响股价崩盘风险的机制如何，尚未进行检验，因此，该部分内容将对此进行进一步探究。

　　前人研究发现信息披露可以降低信息不对称、促进股价流动性，进而降低公司资本成本（Easley and O'Hara，2004），即认为信息披露可以通过降低信息不对称从而降低公司风险。年报风险信息披露作为一种特殊的信息披露，其提高股价崩盘风险的原因是否是提高了公司信息不对称程度？为此，我们将检验风险信息披露是否可以提高信息不对称，以及是否通过提高信息不对称进而增大了股价崩盘风险。本书借鉴 Baron and Kenny（1986）的 Sobel 中介因子检验方法检验上述问题。设立风险信息披露（SubstanTip）对中介变量的回归模型，其中中介变量包括买卖价差（$Spread_{i,t+1}$）以及分析师预测分歧度（$Analydisp_{i,t+1}$），两者均表示信息不对称程度。表 4-12 列（1）、列（2）列示的回归结果显示：中国重大风险实质性提示增加了买卖价差，提高了信息不对称，即意味着重大风险实质性提示提供了造成"恐慌"的信息，分析师预测分歧度增加，投资者对风险的感知的异质性也增加，从而加大了市场的信息不对称程度。

　　进一步地，本书检验了信息不对称程度是否是风险信息披露影响崩盘风险的中介变量。表 4-12 列（3）~（6）列示了将中介变量加入验证假设 1 的回归中（见表 4-3），即在同一个回归中同时控制了风险信息披露和信息不对称程度的指标，回归结果显示：两个信息不对称指标 Spread 和 Analydisp 均显著正相关，重大风险实质性提示（SubstanTip）除了列（6）外均正向显著，但回归系数与显著性较未加入中介变量前（见表 4-4）有所下降，而且 Sobel Z 统计值显著，从而说明买卖价差以及分析师预测分歧度均对风险信息披露与股价崩盘风险间关系具有部分中介效应。

表 4-12　影响机制的检验

Variables	中介因子检验			包含中介因子的崩盘风险检验		
	Analydisp	Spread	Ncskew	Duvol	Ncskew	Duvol
	(1)	(2)	(3)	(4)	(5)	(6)
SubstanTip	0.050***	3.407***	0.066***	0.045**	0.057**	0.035
	(8.26)	(19.30)	(2.82)	(2.15)	(2.18)	(1.47)
Spread			0.005***	0.005***		
			(4.10)	(4.26)		
Analydisp					0.090**	0.074*
					(2.08)	(1.87)
Size	0.025***	1.061***	0.016	0.022**	0.031**	0.038***
	(8.22)	(11.98)	(1.34)	(2.02)	(2.32)	(3.01)
BTM	0.082***	−10.317***	−0.666***	−0.609***	−0.792***	−0.731***
	(5.47)	(−24.64)	(−11.67)	(−12.28)	(−12.41)	(−13.05)
Lev	0.026	1.615***	0.182***	0.158***	0.247***	0.227***
	(1.48)	(3.50)	(3.01)	(2.99)	(3.29)	(3.45)
ROA	0.023***	2.764***	−0.027	−0.013	−0.035	−0.024
	(2.67)	(10.99)	(−0.82)	(−0.45)	(−1.01)	(−0.76)
Beta	−0.045***	−0.874***	−0.055	−0.007	−0.109**	−0.056
	(−3.72)	(−2.59)	(−1.12)	(−0.16)	(−1.96)	(−1.07)

续表

Variables	中介因子检验		包含中介因子的崩盘风险检验			
	Analydisp	Spread	Ncskew	Duvol	Ncskew	Duvol
	(1)	(2)	(3)	(4)	(5)	(6)
AssetG	0.008 (1.30)	0.590*** (3.84)	-0.115*** (-5.54)	-0.108*** (-5.98)	-0.119*** (-4.53)	-0.115*** (-4.86)
Firsthold	-0.013 (-0.69)	-0.633 (-1.18)	-0.263*** (-3.80)	-0.237*** (-3.83)	-0.283*** (-3.77)	-0.247*** (-3.63)
Constant	-0.475*** (-6.51)	-10.704*** (-5.13)	-0.242 (-0.92)	-0.367 (-1.48)	-0.297 (-0.96)	-0.480 (-1.61)
Obs	10223	13004	8459	8459	6595	6595
AdjR-sq	0.084	0.260	0.055	0.052	0.058	0.053
F	29.40	139.6	43.30	39.54	37.42	33.81
Sobel Z	—	—	2.362 (0.003)	3.676 (0.012)	4.231 (0.074)	3.21 (0.001)

注：***、 ** 和 * 分别代表在 1%、 5%和 10%的水平上显著。

四、研究结论

本章探讨了公司风险信息披露与股价崩盘风险之间的影响效应。研究发现：①进行重大风险实质性提示后，股价崩盘风险显著提高；"董事会报告"风险因素段落的语气悲观程度与上市公司股价崩盘风险显著正相关；风险因素段落内容与上年风险因素段落的相似度则与股价崩盘风险显著负相关。②为了克服内生性问题，本书通过工具变量、双重差分等方法对不同风险信息披露指标进行了检验，并尝试替换解释变量和被解释变量，以尽量确保研究结论的稳健性。③进一步研究发现，重大风险实质性提示对股价崩盘风险的影响包含了风险因素段落的语气和相似度对股价崩盘风险的影响，三者同时回归后，后两者的显著性消失。④公司风险水平对两者关系具有正向影响，即风险水平越高，风险信息披露对股价崩盘风险的影响效果越强；而相比于国有上市公司，风险信息披露对股价崩盘风险的影响仅存在于非国有上市公司。⑤重大风险实质性提示的披露会提高公司信息不对称程度，且信息不对称是风险信息披露影响股价崩盘风险的不完全中介。

因此，本章研究为深入探讨降低未来股价崩盘风险的机制提供了新的视角，此外，也为风险信息披露的经济后果研究提供了实证证据。

本章的研究贡献主要有以下四个方面：其一，本书研究发现，年报风险信息披露的信息特征，可以预测公司崩盘风险。也就是说年报风险信息提供了包含公司风险水平的信息。其二，本书开创性地将重大风险实质性提示及风险因素段落的语气和相似度同时进行回归，发现加入重大风险实质性提示后，另外两者对股价崩盘风险的影响效应消失，表明重大风险提示对于投资评估和预防公司风险的重要意义。2015 年后新颁布的《公开发行证券的公司信息披露内容与格式准则第 2 号——年度报告》中放松了公司对重大风险提示的强制性披露要求，而我们的研究强调了重大风险提示的有用性，也可以为监管机构制定相关准则提供依据。其三，年报风险信息通过提高信息不对称进而影响股价崩盘风险，表明年报风险信息披露提高投资者风险感知能力，起到了预警作用，并导致了市场上投资者风险认知偏差增大，补充了风险信息披露信息效应的相关文献。与本书最相关的研究为叶康涛等（2015），他们利用中国内部控制信息披露数据，发现内部控制信息披露降低了未来股价崩盘风险的发生，研究结论与本书结论相反。尽管内部控制信息与风险信息在某些方面具有相似性，比如，年报中的定性披露，披露目的都是低信息不对称，进而对管理层经营管理行为进行监督。但风险信息中更多包含了关于企业风险水平的不确定信息，故而其效益与内部控制信息效应不一致。其四，年度报告风险信息一直被认为是没有信息含量的模板式信息，而没有被引起足够的重视。我们的研究发现年报风险信息可以起到预测未来崩盘风险的作用。一方面，提供了风险信息披露有效性的证据；另一方面从侧面反映出，中国上市公司在披露风险信息时不够及时充分，风险隐藏和风险累积效应明显，因而当迫于诉讼风险不得不在年报中披露时，往往预示了公司"坏消息"较多，崩盘风险发生的可能性较大。这也为中国有关监管部门制定更有效的披露措施，强化风险信息披露监管，为促进资本市场健康发展提供了决策依据。

　　本书的研究结论存在以下理论和实践意义。首先，本书丰富了风险信息披露经济后果方面的文献。从股价崩盘这一直接而又独特的视角检验风险信息披露的信息含量及信息性质。其次，本书也丰富了股价崩盘风险影响因素的文献。前人进行了大量关于信息披露与股价崩盘风险的研究，然而，还没有研究从年报风险信息披露视角来检验其与股价崩盘风险之间的关系。从实践意义看，我们的研究结果表明，目前中国上市公司对风险信息的披露仍然不够及时和充分，导致在年报中进行集中风险揭示时，投资者不能及时消化和吸收，并促进股票价格回归。因此，监管部门尚需要加强企业风险信息披露的监管，制定更规范、更严格的风险信息披露规则，监督企业更及时、更有效地进行风险揭示，促进资本市场稳定健康发展，更好地保护投资者利益。

第五章

债市上的经济后果：年报风险信息
披露与公司债券信用利差

近年来，中国公司债发行规模飞速增长，已成为公司重要的融资方式，公司债市场在中国金融体系中扮演着日益重要的角色。信用利差是债券融资成本，研究其决定因素进而帮助企业降低融资成本是公司债市场研究的核心问题，受到国内外学者和投资者重点关注。

国外研究发现决定债券信用利差的因素除了信用风险补偿（Merton，1974；Kidwell et al.，1984；Huang and Huang，2003）以外，不完全信息或者信息不对称补偿（Duffie and Lando，2001；Yu，2005）也发挥着重要作用。对于信息不对称补偿，大量文献着眼于财务信息（Callen et al.，2009；周宏等，2012；周宏等，2014）视角探究信息不对称补偿对信用利差的影响，然而鲜有人从非财务信息视角，尤其是公司年报披露的风险信息视角进行探究。前人研究发现非财务信息能增强信息使用者对盈余信息可靠性和真实性的信心（Miyazaki et al.，2005），改善信息环境，提高投资决策效率（Li，2010）。本章考察年报风险信息披露这一非财务信息对公司债利差的影响，填补了相关文献的空白。

充分、及时、有效的信息披露是成熟资本市场的必要前提。

2007 年中国证监会首次要求公司在"董事会报告"中按照相关性原则尽可能多地披露对公司产生不利影响的风险因素。然而，该准则更强调相关性而没有考虑重要性原则，管理层也因此通过增加披露小概率风险以隐藏公司面临的最重大的风险因素。这使得风险信息披露一直被认为模板化严重，风险因素冗余。为此，2012 年证监会在《公开发行证券的公司信息披露内容与格式准则第 2 号——年度报告》中再次要求上市公司需要在年报开头醒目位置，增加"重大风险提示"部分，遵循重要性原则披露可能对公司未来发展战略和经营目标的实现产生不利影响的重大风险及将要采取的措施，以此为投资者提供更多风险评估和投资决策相关的有价值信息。与之类似，美国则早在 2005 年即要求上市公司在年度报告（10-K Fillings）首页（Iterm1A-Risk Factors）专门讨论公司面临的重大风险因素。

　　然而在实际披露中，相比美国年报长达数页的关于公司重大风险因素的详细描述，中国绝大多数年报"重大风险提示"的披露寥寥数行，甚至一笔带过。其中，约 58% 的年报其披露的风险因素与"董事会报告"中提到的风险因素完全相同，或仅提醒读者查阅"董事会报告"中相关的风险描述，而无实质性重大风险提示；约 13% 的年报没有披露重大风险；而仅有约 29% 的年报根据准则要求按照"重要性"原则进行了重大风险的实质性提示①。面对如此不理想的披露状况，年报"重大风险提示"是否仍具有信息含量？那些进行实质性提示的公司，能否

---

　　① 若"重大风险提示"段落的风险因素与下文"董事会报告"中风险描述段落的风险因素不完全相同，本书认为进行了重大风险实质性提示，其他情况则视为没有实质性提示。数据由笔者从年报中提取。

为投资者提供决策有用的信息，缓解信息不对称？这些问题都有待进一步探究。

现有关于年报风险信息披露的研究主要集中于国外股票市场（Campbell et al.，2014；Hope et al.，2016；Kravet and Muslu，2013）。这些研究均发现，年报风险信息能够影响投资者的风险识别，具有价值相关性。然而，一方面，中国年报重大风险提示披露状况与国外存在较大差距，国外研究结论能否适用于中国尚不可知；另一方面，国外的研究主要基于股票市场，债券市场的研究则鲜有。

而年报风险信息披露对于股票市场影响的研究结论无法直接适用于债券市场存在如下原因：一是相对于股权投资者，债券市场具有收益相对固定的特性，债权投资者在风险和收益上往往并不对等。为最大程度降低损失，债券人往往对风险非常敏感，对负面消息的关注要多于正面消息，这与股票投资者更关注公司正面消息或上行风险，追求高风险、高收益的特性不同。Defond and Zhang（2014）发现，债券价格对于"坏消息"的反应速度比好消息快很多，并且债券价格所包含的"坏消息"比股价更多，因此，年报风险信息披露对债券价格的影响理论上比股票价格更大。二是由于不同投资者对于不同风险因素的关注度和解读并不一致，股市和债市存在较大差别，因此股市投资者所关注的风险因素与债券市场投资者可能存在不同之处，导致两个市场投资者对年报风险信息披露的理解不一致。三是由于债券投资者对风险信息的需求要远远高于股票市场（De Franco et al.，2009）。债券投资者在收集公司负面消息上往往会花费更多的精力。而中国债券市场中机构投资者占了绝大多数的份额，机构投资者在私有信息获取和处理上比个人投资者有更多优势。机构投资者获取风险信息的途径也并不局限于普通的公告信息。债券投资者究竟是否会使用公告信息还不可知，这些均与股票市场中小散户占主导的情况不同。基于以上原因，尽管基于股权市场的研究已经取得了一些成果，然而这些结论无法直接适用于债券市场。年报风险信息披露对于公司债市场的影响如何，尚待进一步探究。

公司债市场为我们研究债券信用利差提供了一个良好的信息环境。自2007年证监会颁布《公司债发行试点办法》以来，公司债市场获得了快速而稳定的发展，日益增长的债券投资需求使得债券交易变得前所未有的活跃，债券市场流动性也随之增强。只有在流动性较强的市场中，信息才能够更有效率地融入市场。过去基于债券市场的研究，则一直因为市场流动性不足而备受质疑。相比其他债券市场，公司债市场的蓬勃发展为信用利差的研究提供了一个相对较好的环境。

本章的研究基于2007~2016年沪市、深市发债上市公司，检验了中国风险实质性提示与公司债信用利差之间的关系，研究发现：其一，年报"重大风险提示"总体而言披露状况不佳，但并非没有信息含量。重大风险实质性提示能显著提高公司债信用利差，且这种关系在进行了排除公司基本面风险、控制样本自选择及其他稳健性检验后仍然存在。其二，重大风险实质性提示对债券信用利差的影响仅存在于风险管理能力差、信息质量差及非国有的上市公司。其三，重大风险提示通过提高投资者的异质信念影响了债券利差，异质信念是风险信息披露影响信用利差的不完全中介。其四，进一步通过对"董事会报告"中风险因素描述的文本分析发现，风险因素段落语气的悲观程度与信用利差显著正相关，而披露内容与上年相似度则与信用利差显著负相关。

本章的研究贡献主要有以下三个方面：其一，重大风险实质性提示提高了投资者异质信念进而提高债券利差，起到了风险预警效应。这与 Chiu et al.（2015）基于美国股市的研究发现 Item 1A 中的风险因素改善了财务报告的透明度，降低了 CDS 信用利差的结论不一致性，补充了风险信息披露经济后果的文献。其二，补充了债券信用利差影响因素的文献。非财务信息披露对信用利差影响的研究仍较少，尚无信息披露对信用利差的影响证据，本章补充了该空缺。其三，因为披露状况不佳，2015年后新颁布的《公开发行证券的公司信息披露内容与格式准则第2号——年度报告》放松了公司对重大风险提示的强制性披露，而我们的研究强调了重大风险提示的有用性，这也为中国有关监管部门制定更有效的披露举措，强化风险信息披露监管，以促进资本市场健康发展提供了决策依据。

第一节　理论分析与研究假设

一、风险信息披露及其相关研究

早前对年报风险信息披露的研究多基于公司个案（张苏彤、周虹，2003），或针对某些特殊行业（Beattie，2004）抑或进行小样本人工分析（Rajgopal，1999）。随着数据挖掘技术的发展，越来越多的研究采用内容分析法对风险信息披露内容进行深入挖掘和分析，揭示隐藏在文本中被忽视的信息。

近年来运用文本分析法对风险信息披露的研究主要集中在股票市场，侧重于探究披露内容的价值相关性，对公司风险水平的预测能力及对投资者的风险感知的影响。Li（2006）发现风险关键词数量与未来盈余负相关，而且与未来市场的回报也负相关。Kravet and Muslu（2013）考察了投资者对于年报风险信息披露的感知能力。研究发现风险语句频率的变化值与未来股票回报波动性、3 天窗口期的异常交易量和分析师预测修正偏差正相关。并发现当企业披露的风险超过行业均值时，相关性减弱，说明企业披露的大部分信息属于模板式信息，企业自身特质信息披露较少。Campbell（2014）和 Hope et al.（2016）提出风险因素的类别和特质性与公司面临风险相关，也会影响市场表现，表明披露的风险水平能体现和预测公司实际面临的风险。投资者会将披露的风险信息纳入股价，引起股价的反应。Fanning（2014）通过实验的方法检验了风险信息披露门槛的降低是否会对投资者的风险感知能力产生影响。研究发现，对业绩有定向目标的投资者其风险感知能力更不容易被风险信息披露门槛降低后增加披露的低概率风险冲淡；且短期投资者最容易受到管理层进行披露策略管理的影响，短期投资者需要较大程度地考虑风险，因此对他们的影响最大。Filzen（2015）研究发现管理层会对披露的"Risk"做出政策调整，而对披露的"Uncertainty"做出"等候观望"，规模小、非营利、信用风险高的公司对风险和不确定性更敏感，"Risk"和"Uncertainty"增加时会比降低时对公司政策的影响更大。Chiu et al.（2015）发现年报风险信息披露改善了财务报告的透明度，同时也降低了 CDS，此外对于信息不确定性更大和违约可能性更大的公司，年报风险信息披露还能帮助投资者评估潜在风险并预测未来业绩。Elliott et al.（2015）检验了信息披露风险与公司政策之间的相关性。研究表明，披露风险的增加可以解释公司在负债率、投资、研发、雇员、股利政策和现金持有及股票购买等财务政策方面的改变。此外，这些财务政策的变更与公司规模、盈利能力、信用评级等方面也具有敏感性关系。

现有研究发现风险信息披露数量的增量与未来盈余负相关，与市场波动率和分析师预测修正偏差正相关，即对公司风险水平具有预测能力，且能提高资本市场投资者的风险识别能力，并降低信息不对称。以上研究主要立足国外股票市场，仅 Chiu et al.（2015）的研究涉及美国 CDS 市场，然而中国 CDS 市场刚起步，发展尚不稳定，不适合将其作为研究对象，其研究结论亦无法适用于中国。因此，中国年报风险信息披露对公司债券市场影响如何还有待检验。

二、风险信息披露与债券信用利差

随着近年来公司债市场的快速发展，"债券信用利差"成为宏观经济和微观财务学研究的热点。Duffie and Lando（2001）提出信用利差的影响因素可以归结为以下两个方面：公司违约风险和投资者与上市公司之间信息不对称。大量对债券信用利差的研究从这两个视角展开：

对于违约风险，主要指公司未来现金流不确定性所导致的债券偿还风险，现有文献主要着眼于"不确定性"进行探究。Jiang et al.（2005）和周宏等（2014）均发现信息不确定性会影响债券信用利差。冷奥琳等（2015）发现了对外担保违约风险对于债券信用利差的影响效应。武恒光和王守海（2016）以重污染行业环境信息披露进行检验，发现在环境绩效水平较差的上市公司，环境信息披露水平与信用利差显著正相关。王雄元和高开娟（2017）探究了客户集中度风险对二级市场债券信用利差的影响。即公司基本面风险越大，债券发生违约的可能性越大，债券信用利差也越大。

基于信息不对称，Duffie and Lando（2001）认为信息不对称会导致投资者对公司价值产生不同的理解，以至于对公司信用利差的期限结构产生不同的预期。Yu（2005）发现会计信息质量与债券信用利差具有负相关关系，信息质量越高，债券信用利差越小。周宏、杨萌萌和李远（2010）从信息不对称的角度对企业债券信用风险相关文献进行了评述。周宏等（2014）通过无形资产占总资产账面价值的比例等指标实证检验企业债券发行者和投资者之间的信息不对称对企业债券信用利差的影响，周宏等（2016）发现社会责任信息披露能降低信息不对称进而降低债券信用利差。

根据上文关于风险信息披露的文献发现，风险信息披露对股票市场的影响主要源于两个方面：其一为提高投资者对于公司风险的感知力（Kothari et al.，2009a；Kravet and Muslu，2013）；其二为降低投资者与企业的信息不对称（Campbell et al.，2014；Chiu et al.，2015）。

该结论同样适用债券市场。一方面，监管机构制定重大风险提示披露准则的初衷是期望通过增加披露"重大风险提示"，为投资者提供更多风险评估和投资决策相关的有价值信息，降低上市公司与投资者之间的信息不对称，从而促进债券价格发现。债券市场信息不对称程度降低，债券成本也会降低，债券信用利差随之降低。风险信息含量越大，投资者获取的信息越多，不对称程度降低效应越明显，公司债利差越小。另一方面，对于年报风险信息披露尤其是"重大风险提示"的披露初衷亦有风险预警的意图，以提示投资者注意投资风险，谨慎投资。其信息本身就具有较强的不确定性，当公司披露的风险信息含量越大时，投资者获取的风险信息越多，可能使投资者风险预警意识提升，增加对公司风险的估计，并要求更高的债券成本，使债券信用利差变大。

重大风险提示信息对公司债市场的影响究竟表现为降低信息不对称，进而降低债券信用利差，抑或是提高了投资者风险感知和识别能力，进而提高债券信用利差？有待进一步检验。考虑到中国重大风险提示披露质量较差，大部分无信息含量，没有起到实质性风险提示功能，仅有少部分进行了重大风险的实质性提示，风险信息含量较大，为此，本章提出对立假说：

信息效应假说 H1a：重大风险实质性提示与公司债券信用利差呈负相关关系。

预警效应假说 H1b：重大风险实质性提示与公司债券信用利差呈正相关关系。

第二节　研究设计

一、样本选择与数据来源

中国年报风险信息披露始于 2007 年，因此本章研究对象为 2007~2017 年年度报告中披露的风险信息。我们利用计算机程序从年报中提取"重大风险提示"段落，剔除在提取过程因为披露格式或披露规范导致的无法提取的样本，最终得到 21224 个风险信息披露数据。同时，选取了 2007~2017 年沪深两市发债上市公司，并剔除了重复债券和数据缺失的债券。与风险信息披露样本合并后，最终的研究样本包括 568 家上市公司发行的 947 个债券，最终样本量为 2516。本章其他变量数据均取自 CSMAR 和 Wind 数据库。为避免极端值影响，本章对所有连续变量进行了上下 1% 的 Winsorize 缩尾处理，对所有回归都控制了行业、年度效应且进行了公司维度的 Cluster 处理。

二、变量定义

（一）信用利差

信用利差（Spread）为债券年底到期收益率减年底相同剩余期限国债收益率。对于缺失的某年国债的到期收益率，则采用插值法计算得出①。

（二）年报风险信息披露

2012 年重大风险提示披露规则的制定是为了避免公司披露的风险信息流于形式，可见重大风险提示内容相比于 2007 年准则要求在董事会报告中披露的公司风险因素，对投资者而言更具有信息含量，影响也更大。为此，本章重点考察重大风险提示的披露对债券市场的影响。

对于重大风险提示指标的度量，本书使用内容分析法。先以 Python 提取了重大风险提示段落和董事会报告中的未来风险因素段落。然后进行人工阅读和分析，按照重大风险提示与董事会报告中风险因素是否完全相同，将重大风险提示分为重大风险实质性提示和无实质性提示两组②。并设置重大风险实质性提示变量（SubstanTip），当重大风险提示为实质性提示时，取值为 1，否则取值为 0。

（三）控制变量

参照 Griffin et al. （2014）控制了信用利差结构模型的影响因素——负债率（Lev）、无风险利率（Spot），参照 Callen et al. （2009）控制了总资产收益率（ROA），信用评级（Rate）和公司规模（Size），参照周宏（2014）控制了债券剩余期限（Term）、债券发行规模（Lnum），考虑到债券流动性对价格变动影响较大，我们对股价流动性不足（Illiq）进行了控制，同时对破产指数（Z score）进行了控制，以控制公司面临的风险状况（见表 5-1）。

---

① 国债收益率通过中债登网站获取，或利用线性插值法构造相同剩余期限国债利率。
② 分类的依据为：重大风险实质性提示，风险提示篇幅较长且详细，与董事会报告中风险因素不完全一致，或提示与董事会报告风险因素不同；无实质性提示，提醒投资者查阅董事会报告中的详细信息，或者重大风险提示风险因素与董事会报告中风险因素完全相同，或无重大风险提示。

表 5-1 变量定义

变量类型	变量代码	变量定义
被解释变量	Spread	信用利差（Spread），本书用债券年底到期收益率减年底相同剩余期限国债到期收益率得到。对于缺失的某年国债的到期收益，则采用插值法计算得出，并滞后一期
解释变量	SubstanTip	重大风险实质性提示，仅取 2012 年以后的样本，1 为具有重大风险实质性提示，0 为无。具体分类方法参见文中定义
控制变量	Lev	公司的资产负债率
	ROA	总资产收益率，为第 t 年的净利润与第 t-1 年公司总资产的比值
	Rate	信用评级，数值越大，评级越高
	Term	债券剩余期限
	Spot	国债利率，作为无风险利率的替代变量
	Lnum	债券发行规模，取自然对数
	Illiq	流动性不足，参照 Amihud（2002）提出的方法计算而来，指标值越大，表示流动性越差
	SdRet	一年内股价标准差
	EDR	业绩下行风险，参照 Konchitchki et al.（2016）的模型，通过计算实际会计盈余与期望会计盈余之间的差异，判断每个公司业绩是否下行，与以往业绩风险指标相比，更能体现业绩下行概率
	Z score	破产指数，衡量公司破产风险，数值越大表示风险越大

三、模型设计

为了检验本书的研究假设，本章构建了实证模型（5-1）：

$$Sperad_{i,t+1} = \alpha_0 + b_1 RiskDisclosure_{i,t} + Controls_{i,t} + e \tag{5-1}$$

模型（5-1）中，$Spread_{i,t+1}$ 为本书的解释变量，即公司在 t+1 年的债券信用利差。$RiskDisclosure_{i,t}$ 为当期的风险信息披露指标，以此考察年报风险信息披露对公司未来股价崩盘风险的影响。$Controls_{i,t}$ 为当期的控制变量。

第三节　实证结果分析

一、描述性统计

表 5-2 提供了主要变量描述性统计结果。将变量按照公司是否具有重大风险实质性提示进行分组，并分别统计两组样本的均值和方差，统计结果显示，债券信用利差 Spread 均值在实质性提示的公司要显著大于无实质性提示的公司，这初步说明，披露了重大风险实质性提示的公司具有更高的债券信用利差，基本与预警效应假说 H1b 相符。而实质性提示的样本远远小于无实质性提示的样本，说明公司进行实质性风险提示的意愿较

表 5-2　描述性统计

Variables	无实质性提示			实质性提示			差异
	N	Mean	sd	N	Mean	sd	Diff
Spread	2174	1.957	1.607	324	2.590	1.597	−0.632***
Size	2174	23.10	1.184	324	22.88	1.124	0.225***
Lev	2174	0.568	0.150	324	0.539	0.156	0.028***
ROA	2174	0.118	0.156	324	0.111	0.197	0.007
Rate	2174	7.024	0.580	324	6.939	0.564	0.085**
Term	2174	6.208	1.369	324	6.087	0.824	0.121
Spot	2174	5.503	1.256	324	5.435	1.365	0.068
Lnum	2174	2.548	0.635	324	2.529	0.598	0.019
Illiqd	2174	2.182	2.470	324	1.659	2.275	0.523***

低。此外，披露重大风险实质性提示的公司规模更小、负债率也更低，并且具有更低的信用评级和更高的流动性，其他方面则与无实质性风险提示的公司无显著差别。总之，通过分组的描述性统计，无法看出两组样本在公司基本面风险上的显著差异。

二、相关性分析

表 5-3 列示了 Pearson 相关系数回归的结果。从表 5-3 中可以看出重大风险实质性提示 SubstanTip 与下一期的债券信用利差 Spread 正相关，系数为 0.133，且在 1%水平上显著。说明当具有重大风险实质性提示时，公司债具有更高的信用利差。该结论与预警效应假说 H1b 一致，进一步验证假设推论。而公司规模（Size）、盈利能力（ROA）、信用评级（Rate）、债券剩余期限（Term）、发行规模（Lnum）、流动性不足（Illiqd）则均与信用利差显著负相关，国债利率则与利差显著正相关。

三、回归结果分析

（一）重大风险实质性提示与债券信用利差

表 5-4 列（1）和列（2）列示了重大风险实质性提示与债券信用利差回归的结果，结果显示：无论是否加入控制变量，实质性提示与债券信用利差在 1%统计水平显著正相关，加入控制变量后系数有所减少，由 0.496 降低到 0.426，显著性不变。风险信息披露的初衷其一为风险警示效应，其二为缓解投资者与公司之间的信息不对称，降低资本成本。从结果来看，披露了重大风险实质性的提示后，公司债券信用利差显著增加了，从

表 5-3　Pearson 相关系数

	Spread	SubstanTip	Size	Lev	ROA	Rate	Term	Spot	Lnum	Illiqd
Spread	1.000									
SubstanTip	0.133***	1.000								
Size	-0.436***	-0.064***	1.000							
Lev	0.013	-0.059***	0.128***	1.000						
ROA	-0.113***	-0.023	0.052**	-0.571***	1.000					
Rate	-0.278***	-0.045**	0.479***	-0.001	0.067***	1.000				
Term	-0.099***	-0.036*	0.316***	0.126***	-0.065***	0.238***	1.000			
Spot	0.204***	-0.018	-0.338***	0.042**	-0.095***	-0.502***	-0.046**	1.000		
Lnum	-0.158***	-0.011	0.557***	0.117***	0.015	0.559***	0.257***	-0.474***	1.000	
Illiqd	-0.300***	-0.070***	0.234***	0.048**	-0.109***	-0.003	0.164***	0.103***	-0.064***	1.000

注：***、**和*分别代表在1%、5%和10%的水平上显著。

而支持预警效应假说 H1b，缓解信息不对称的效用较弱，否定
了信息效应假说 H1a。该研究结论的一种解释是，重大风险提示
这一强制性披露信息对债券投资者而言具有较强价值相关性，
其揭示了公司未来经营和发展最重要和最重大的风险因素，债
券投资者在进行投资决策时会将其作为重要决策依据。对于进
行了实质性风险提示的公司，投资者将要求更高的风险溢价，
即重大风险实质性提示使债券投资者的风险感知能力显著增强。
另一种解释是可能由于上市公司风险信息披露不足。由于管理
层有隐藏风险倾向，而只有当公司重大风险事项发生可能性很
大或即将发生时，在较高的披露压力和披露成本驱动下，才不
得已在重大风险提示中揭示。因此，对风险敏感的债券投资者
一旦发现实质性风险提示内容，必然要求更高的风险溢价。

表 5-4   重大风险实质性提示与债券信用利差

Variables	Spread			
	OLS	加入控制变量	控制风险水平	剔除有风险公告样本
	（1）	（2）	（3）	（4）
SubstanTip	0.496***	0.426***	0.435***	0.361***
	(3.75)	(3.41)	(3.49)	(2.83)
Size		−0.340***	−0.344***	−0.324***
		(−8.97)	(−9.25)	(−8.40)
Lev		0.419	0.468	0.243
		(1.39)	(1.54)	(0.82)
ROA		0.086	0.157	−0.048
		(0.41)	(0.74)	(−0.24)
Rate		−0.194**	−0.197**	−0.216**
		(−2.13)	(−2.16)	(−2.33)
Term		−0.009	−0.010	0.005
		(−0.35)	(−0.41)	(0.22)
Spot		0.117***	0.115***	0.107***
		(3.14)	(3.09)	(2.79)

续表

Variables	Spread			
	OLS	加入控制变量	控制风险水平	剔除有风险公告样本
	（1）	（2）	（3）	（4）
Lnum		0.066 (0.83)	0.092 (1.11)	0.046 (0.56)
Illiqd		0.112 (0.60)	0.097 (0.53)	0.117 (0.62)
SdRet			2.688*** (3.90)	
EDR			1.370 (1.08)	
Zscore			−0.002* (−1.67)	
Constant	2.471*** (6.44)	10.321*** (9.94)	10.245*** (9.89)	10.134*** (9.53)
Obs	2516	2516	2516	2476
AdjR−sq	0.095	0.184	0.190	0.177
F	10.94	14.58	13.30	13.61

注：***、** 和 * 分别代表在1%、5%和10%的水平上显著。

（二）稳健性检验

为保证结论的可靠性，本书进行了如下稳健性检验：

1. 排除公司风险水平的影响

公司风险水平会对债券信息利差产生直接影响，而上文也指出披露重大风险实质性提示的公司本身可能比较大，即公司风险水平影响重大风险提示披露。为此，需要排除公司基本面风险水平对研究结论的影响。本书主要通过以下三种方法：

第一，将公司风险水平进行控制。表5-4列（3）在列（2）基础上又加入了公司股价波动性（SdRet）、业绩下行风险（EDR）和破产指数（Zscore），这三个指标分别代表了公司市场风险、经营风险和信用风险状况。回归结果显示，解释变量显著性不变，即在控制了公司风险水平的情形下，披露重大风险实质性提示仍能显著提高债券信用利差。债权人对重大风险实质性提示内容较为关注，通过实质性提示信息，风险感知能力增强，对公司要求更高的风险溢价。

第二，剔除进行风险提示公告的样本。对于出现在重大风险提示中的一些极端风险因素，如退市风险、重大亏损等性质较严重风险的公司样本予以剔除。出现这些极端风险的公司说明本身风险水平就比较高，一旦公告必然会造成市场波动，债券信用利差提高。为避免这些极端情况对研究结论的影响，需要将其剔除。沪深交易所颁布的《上市规则》要求上市公司在面临违法违规、并购、重大亏损等交易所或者公司认定的一系列重大风险情况时，需要单独披露风险提示公告说明情况并提示相应的风险，若没有发布进行风险提示公告，一旦被发现，将受到法律和市场的双重制裁和惩罚。因此，当年发布过风险提示公告的公司，很可能风险水平更高。本书从"巨潮资讯"网站获取了样本期间所有上市公司的风险提示公告，并对这些样本进行剔除后再回归，回归结果如表5-4列（4）所示，即使剔除公司极端的风险状况，结果也不受影响，且解释变量在1%水平显著，表明极端的风险状况对本书研究结论无显著影响。

第三，区分首次披露和首次以后披露。年报风险信息披露因为每年变动程度较小常常被批评为模板式的披露。因此，如果重大风险提示提升公司债务信用利差的效应并非受到公司基本面风险水平的影响，而仅是因为投资者对披露风险信息的反应，应该能观察到首次披露重大风险实质性提示对信用利差的影响应当比以后年度披露的影响效应更强。本书将重大风险提示区分为首次披露（FirstMan）及首次以后披露（Manadj），以考察不同时期重大风险提示对债券信用利差的影响。分别设置以下两个指标：FirstMan，当公司首次披露实质性重大风险提示时取值为1，否则为0；Manadj，当公司在首次以后披露实质风险提示时取值为1，否则设置为0。将两个变量分别放入回归，检验首次披露与其后年度披露对债券利差的影响，回归结果如表5-5所示：首次披露重大风险实质性提示 FirstMan 回归系数至少在5%水平显著为正，以后披露 Manadj 较首次披露回归系数显著性下降，仅在10%水平显著。文本结论不受公司基本面风险的影响。再次验证了研究结论的可靠性。

表5-5 区分首次披露和首次以后披露

Variables	Spread			
	（1）	（2）	（3）	（4）
FirstMan	0.188**	0.199***		
	(2.32)	(0.67)		
Manadj			0.105	0.257*
			(0.67)	(1.85)
Size		−0.332***		−0.337***
		(−10.19)		(−10.34)
Lev		−0.548**		−0.556**
		(−2.08)		(−2.11)
ROA		−0.596***		−0.582**
		(−2.62)		(−2.54)
Rate		−0.577***		−0.567***
		(−6.63)		(−6.51)
Term		0.064***		0.065***
		(2.60)		(2.64)
Spot		0.055		0.057
		(1.49)		(1.55)
Lnum		0.198***		0.197***
		(2.66)		(2.66)

续表

Variables	Spread			
	（1）	（2）	（3）	（4）
Illiqd		−0.103 (−0.26)		0.029 (0.34)
Constant	2.139*** (30.54)	12.965*** (15.46)	1.992*** (54.62)	12.834*** (15.28)
Obs	2516	2516	2516	2516
AdjR−sq	0.002	0.120	−0.000	0.118
F	5.362	44.23	0.451	43.13

注：***、**和*分别代表在1%、5%和10%的水平上显著。

2.替换被解释变量

被解释变量债券信用利差用的是每年末时点计算的，检验的是风险信息披露对公司债市场的长期效应。而对于短期内债券市场年报风险信息披露信息是否同样具有影响尚未可知。为此，本书以年报披露后首个交易日的债券收益率计算债券信用利差 Spread_d，进行回归检验。检验结果如表 5-6 列（1）所示：解释变量的系数在 5%水平显著且符号与上文检验一致。研究表明，债券市场投资者会及时关注年报中的重大风险提示，在年报披露的首日后，重大风险提示信息已经融入债券市场价格。

3.倾向评分匹配检验（PSM）

进行了实质性提示的公司，可能是由于某些特质因素导致其债券信用利差更大，因此存在样本自选择问题。为此，本书通过倾向性评分匹配 PSM 降低该问题产生的影响，按照一比一近邻匹配，在没有进行实质性提示的公司中找出与实验组公司各方面最接近的样本公司作为控制组，将进行实质性提示的样本与控制组样本合并后，再进行回归。结果如表 5-6 列（2）和列（3）所示：无论是否加入控制变量，解释变量回归系数都显著为正，表明样本自选择对研究结论的影响较小。

4. 工具变量检验（IV）

为尽量避免以上研究结论可能存在的内生性问题，本书使用工具变量法进行控制。借鉴 Ghoul et al.（2011）的方法以同行业内其他公司是否披露的重大风险实质性提示披露的均值作为工具变量（Ind_SubTip），应用两阶段工具变量法。前人研究发现公司的信息披露水平会受到同行业风险披露水平的影响（Campbell et al., 2014），但同行业风险披露水平对本公司崩盘风险又不存在直接影响，因而满足工具变量的选取条件①。表5-6列（3）和列（4）列示了工具变量法的检验结果：列（3）为第一阶段回归，以工具变量及其他外生变量对解释变量进行回归，发现行业重大风险实质性提示评价披露水平（Ind_SubTip）与本公司重大风险实质性披露显著正相关；列（4）为第二阶段回归，以第一阶段回归拟合值（IV_SubTip）与信用利差进行回归，结果仍显著为正。工具变量的检验结果显示，本书研究结论较稳健。

表5-6　其他稳健性检验

Variables	替换被解释变量	PSM 匹配	工具变量第一阶段	工具变量第二阶段
	Spread_p	Spread	SubstanTip	Spread
	（1）	（2）	（3）	（4）
SubstanTip（IV_SubTip）	0.207**（2.23）	0.451***（3.72）		1.625***（4.83）
Ind_SubTip			0.598***（13.58）	
Size	−0.469***（−5.42）	−0.267***（−8.71）	−0.010（−1.44）	−0.483***（−15.31）

① 工具变量的选取通过过度识别检验，且工具变量与自变量存在相关性。

161

续表

Variables	替换被解释变量 Spread_p (1)	PSM 匹配 Spread (2)	工具变量第一阶段 SubstanTip (3)	工具变量第二阶段 Spread (4)
Lev	−0.337 (−0.35)	0.128 −0.45	−0.142*** (−2.86)	0.189 (0.80)
ROA	−1.681*** (−2.72)	−0.411* (−1.83)	−0.058 (−1.46)	−0.673*** (−3.59)
Rate	−0.694** (−2.01)	−0.345*** (−4.04)	−0.024* (−1.77)	−0.314*** (−5.01)
Term	−0.047 (−0.83)	−0.011 (−0.47)	0.002 (0.35)	0.031 (1.59)
Spot	0.126* (1.84)	0.113*** (3.28)	−0.015*** (−2.66)	0.128*** (4.79)
Lnum	0.133 (1.37)	0.022 (0.3)	0.011 (0.86)	0.323*** (5.54)
Illiqd	0.097 (1.01)	0.017 (1.33)	−0.005* (−1.83)	−0.143*** (−11.47)
Constant	15.689*** (3.52)	9.848*** (12.24)	0.551*** (3.44)	13.739*** (17.81)
Obs	2516	648	2516	2516
AdjR−sq	0.058	0.091	0.081	0.219
F（IV F）	14.58	36.01	26.17	184.3

注：***、** 和 * 分别代表在 1%、5% 和 10% 的水平上显著。

（三）调节效应的检验

1. 公司风险管理能力

公司进行风险管理的目的是帮助企业更好地控制风险，降低风险水平。因此，公司风险管理能力越强，重大风险事项发生概率也越小，对债券信用利差的影响也越小。

本书采用内部控制水平、公司高管是否有风险管理经历以及公司是否设置风险管理委员会① 作为公司风险管理能力的替代变量。按照以上三个变量的中位数，分别将样本分为高低两组，通过分组回归，检验两组回归解释变量系数的差异。

表 5-7 列示了三组分组回归的结果，结果显示：在内部控制水平低、高管具有风险管理经历、存在风险管理委员会的公司，重大风险实质性提示对于债券信用利差的影响更显著。该研究结论表明：当公司风险管理水平越高时，年报风险信息披露对于信用利差的影响力变弱，年报风险信息披露对信用利差的影响仅存在于风险管理能力差的公司。

表 5-7　风险管理能力的调节作用

Variables	Spread					
	内部控制水平		高管是否有风险管理经历		是否有风险管理委员会	
	高	低	是	否	是	否
	（1）	（2）	（3）	（4）	（5）	（6）
SubstanTip	0.001 (0.01)	0.572*** (4.12)	0.101 (0.50)	0.201** (2.54)	−0.294 (−1.15)	0.230*** (3.00)
Size	−0.279*** (−6.62)	−0.413*** (−5.80)	−0.429*** (−4.88)	−0.270*** (−7.03)	−0.207** (−1.97)	−0.299*** (−7.96)
Lev	−0.188 (−0.56)	−0.159 (−0.32)	−0.233 (−0.34)	0.131 (0.43)	−0.095 (−0.09)	0.064 (0.22)
ROA	−0.802*** (−2.96)	0.151 (0.44)	−0.212 (−0.36)	−0.378 (−1.64)	−0.817 (−0.74)	−0.381* (−1.75)
Rate	−0.451*** (−4.54)	−0.061 (−0.36)	−0.400** (−2.01)	−0.341*** (−3.58)	−0.660** (−2.26)	−0.325*** (−3.63)
Term	0.017 (0.61)	−0.103* (−1.68)	0.095** (2.44)	−0.083** (−2.33)	0.090 (1.38)	−0.015 (−0.51)

① 变量设置：内部控制水平，采用迪博内部控制指数；公司高管是否有风险管理经历，通过文本分析的方法，对年度报告中高管经历进行读取，若公司高管担任过风险相关职位，则表明具有风险经历；公司是否设置风险管理委员会，通过文本分析，在年度报告全文中检索"风险管理委员"类似机构，若搜索到则认为存在风险管理委员会。

续表

Variables	Spread					
	内部控制水平		高管是否有风险管理经历		是否有风险管理委员会	
	高	低	是	否	是	否
	（1）	（2）	（3）	（4）	（5）	（6）
Spot	0.083**	0.203**	−0.030	0.152***	−0.058	0.128***
	(2.16)	(2.44)	(−0.40)	(3.82)	(−0.66)	(3.33)
Lnum	0.027	0.089	0.074	0.082	−0.311	0.053
	(0.32)	(0.51)	(0.45)	(0.97)	(−1.25)	(0.68)
Illiqd	0.029	0.055***	−0.005	0.069***	0.033	0.072**
	(0.59)	(2.87)	(−0.11)	(3.46)	(1.51)	(2.34)
Constant	11.202***	10.941***	14.165***	9.927***	12.132***	10.311***
	(11.04)	(5.98)	(7.07)	(10.09)	(4.52)	(11.04)
Obs	1302	1214	348	2168	219	2297
AdjR−sq	0.135	0.044	0.129	0.087	0.093	0.087
F	26.37	7.951	7.401	26.74	3.788	28.42

注：***、** 和 * 分别代表在 1%、5% 和 10% 的水平上显著。

2. 信息质量的影响

信息质量会对风险信息披露与债券信用利差之间关系产生影响。投资者会对公司风险状况进行估计和判断，当公司信息质量好，信息透明度高，投资者对公司风险水平的评估较准确时，重大风险提示信息对投资者影响较小。而当公司信息质量差，信息不对称程度大时，投资者无法准确估计公司风险水平，当重大风险提示披露后，实际风险状况与债券投资者预期差异大的概率更大，因此对债券信用利差的影响也更大。本书以盈余管理程度和内部控制信息披露透明度衡量公司信息质量。

盈余管理程度衡量了管理层对会计盈余信息操纵的程度，作为公司会计信息质量的衡量指标。盈余管理越严重，表明会计信息可靠性越低，反之，则越高；内部控制信息披露质量，由迪博数据库获取，是根据公司内部控制信息披露内容进行逐项考察、打分，最终得到的综合得分。能较客观地评价公司内控信息披露质量，公司内部控制信息披露质量越高，表明公司整体信息披露水平越高。

表 5-8 列（1）和列（2）列示了按照盈余管理程度进行分组回归后的结果，表 5-8 列（3）和列（4）列示了按照内控信息披露质量进行分组回归后的结果，两组回归结果显示：在盈余管理程度高、内控信息披露质量差的组，重大风险实质性提示对于债券信用利差的影响更显著，而在较低组，两者之间则不存在相关关系。该研究结论表明：年报重大风险实质性提示对债券信用利差的影响仅存在于信息质量差的公司。

3. 产权性质

产权性质不同对于风险信息披露与股价崩盘风险之间的关系影响可能来自激励机制的不同。由于激励机制不同，余明桂等（2013）提出民营企业比国有企业更倾向于风险承担。为了获取更多收益，降低成本，非国有企业进行风险隐藏的概率更大。因此本书将样本按照产权性质区分为两组，检验产权性质对风险信息披露与信用利差风险关系的影响。

表 5-8 列（5）和列（6）列示了分组回归结果。结果显示，风险信息披露对信用利差的影响主要存在于非国有企业中，而在国有企业则几乎看不到显著影响，甚至相反。该结果表明，国有企业往往更少隐藏风险，因此公司的风险事项能够快速被公司债投资者获知，融入债券价格，因此观察不到其年报中提供的风险提示信息对债券利用利差的影响。

表 5-8 信息质量及产权性质的调节作用

Variables	Spread				Spread	
	盈余管理程度		内控信息披露质量		产权性质	
	高	低	高	低	国有	非国有
	(1)	(2)	(3)	(4)	(5)	(6)
SubstanTip	0.312***	−0.044	−0.014	0.324***	−0.053	0.535***
	(−0.42)	(2.92)	(−0.14)	(2.88)	(−0.59)	(4.27)
Size	−0.291***	−0.338***	−0.338***	−0.267***	−0.255***	−0.292***
	(−5.98)	(−6.47)	(−7.18)	(−5.03)	(−6.18)	(−4.03)
Lev	−0.092	0.062	−0.361	0.276	0.217	0.624
	(−0.23)	(0.16)	(−1.02)	(0.65)	(0.63)	(1.36)
ROA	−0.398	−0.514	−0.773***	−0.042	−0.373	−0.046
	(−1.45)	(−1.47)	(−2.69)	(−0.14)	(−1.40)	(−0.14)
Rate	−0.226*	−0.485***	−0.527***	−0.109	−0.249**	−0.087
	(−1.91)	(−3.79)	(−5.09)	(−0.75)	(−2.35)	(−0.56)
Term	−0.080*	0.037	0.051*	−0.113**	0.019	−0.015
	(−1.69)	(1.18)	(1.71)	(−2.25)	(0.72)	(−0.16)
Spot	0.167***	0.046	0.030	0.216***	0.045	0.181***
	(3.45)	(0.91)	(0.72)	(3.64)	(1.14)	(2.74)
Lnum	−0.037	0.123	0.086	−0.026	−0.018	−0.101
	(−0.33)	(1.20)	(0.93)	(−0.22)	(−0.23)	(−0.56)
Illiqd	0.048**	0.006	0.059***	−0.000	0.010	0.012
	(2.21)	(0.34)	(2.80)	(−0.02)	(0.41)	(0.80)
Constant	10.158***	12.179***	13.126***	8.170***	9.027***	8.319***
	(7.74)	(10.20)	(11.65)	(5.79)	(9.03)	(3.89)
Obs	976	1540	1069	1447	1169	1347
AdjR-sq	0.106	0.084	0.159	0.051	0.103	0.041
F	15.39	18.61	26.17	10.70	17.68	8.216

注：***、** 和 * 分别代表在 1%、5% 和 10% 的水平上显著。

（四）影响机制检验

通过理论分析可知，风险信息披露增加债券信用利差是因为提高了投资者对公司风险水平的预估，投资者因此要求更高的回报率。前人研究发现，投资者异质信念影响风险资产价格

（张维和张永杰，2006），而风险信息也可能提高投资异质信念。为此，本书将检验风险信息披露是否通过提高投资者异质信念进而提高债券信用利差。

先设立风险信息披露（SubstanTip）对中介变量异质信念的回归模型，其中中介变量包括买卖价差（$Sprd_{i,t+1}$）以及特质股价波动率（$SdRet_{i,t+1}$），两者均表示投资者异质信念。表 5-9 列（1）、列（2）列示的回归结果显示：中国重大风险实质性提示增加了买卖价差，提高了特质股价波动率，即意味着重大风险实质性提示提供了造成"恐慌"的信息，提高了投资者风险意识，增强了市场异质信念。

本书进一步检验异质信念是否作为风险信息披露影响信用利差的中介变量。表 5-9 列（3）、列（4）列示了将中介变量加入主回归的检验，即在同一个回归中同时控制了重大风险提示和异质信念程度，回归结果显示：两个异质信念的指标均显著正相关，而重大风险实质性提示（SubstanTip）依然显著正相关，但回归系数与显著性较未加入中介变量前有所下降，并且通过 Sobel Z 检验。这说明买卖价差以及特质股价波动率是重大风险提示影响债券信用利差的不完全中介。

表 5-9　影响机制的检验

Variables	中介变量回归		把中介变量纳入主回归	
	SdRet	Sprd	Spread	
	(1)	(2)	(3)	(4)
Sd_Ret			0.199*** (2.87)	
Spread				0.012* (1.96)
SubstanTip	0.002*** (15.37)	3.987*** (24.29)	0.430*** (3.38)	0.421*** (3.32)

续表

Variables	中介变量回归		把中介变量纳入主回归	
	SdRet	Sprd	Spread	
	（1）	（2）	（3）	（4）
Size	−0.001*** (−28.36)	0.687*** (11.97)	−0.319*** (−7.59)	−0.342*** (−8.81)
Lev	−0.002*** (−7.97)	−2.412*** (−7.77)	0.335 (1.07)	0.384 (1.26)
ROA	−0.000 (−1.49)	3.622*** (20.28)	−0.153 (−0.66)	−0.002 (−0.01)
Rate	0.000 (0.71)	−0.035 (−0.11)	−0.226** (−2.30)	−0.204** (−2.19)
Term	−0.000 (−1.00)	−0.407*** (−3.73)	−0.001 (−0.02)	−0.005 (−0.22)
Spot	0.000 (0.64)	−0.053 (−0.36)	0.161*** (3.55)	0.119*** (3.19)
Lnum	−0.000 (−1.56)	−0.796** (−2.54)	0.080 (0.86)	0.068 (0.83)
Illiqd	0.003 (1.18)	−0.502*** (−10.28)	0.109*** (2.76)	0.090*** (2.59)
Constant	0.059*** (20.28)	−2.012 (−0.72)	9.701*** (8.35)	10.331*** (9.97)
Obs	22421	22526	2516	2516
AdjR−sq	0.361	0.190	0.182	0.185
F	289.0	139.6	13.77	13.91
Sobel Z	—	—	4.45 (0.002)	2.21 (0.023)

注：***、** 和 * 分别代表在 1%、5% 和 10% 的水平上显著。

（五）进一步检验：对"董事会报告"中风险因素段落文本分析

在中国年报中，除了目录之后的"重大风险提示"集中披露公司风险因素外，"董事会报告"中关于未来风险因素的描述

168

也集中、详细地披露了公司面临的风险因素。根据准则制定的意图可知，"重大风险提示"的信息含量比董事会报告中的风险因素段落更高，因此，本书以"重大风险提示"段落为主要研究对象。然而，董事会报告中的风险因素段落对债券信用利差的影响如何尚不可知。另外，重大风险实质性提示指标（SubstanTip）虽然一定程度上考虑了重大风险提示段落的信息内容，然而并没有对风险信息内容进行更深层次的挖掘。由于披露重大风险实质性提示的样本较少，而且篇幅通常很短，不利于进行深入文本分析。而"董事会报告"中的风险描述段落，披露的公司众多，包含的风险因素更丰富、信息内容更多，篇幅也更长。对此，本书试图从文本语气语调和披露内容与上年披露相似度两个视角考察"董事会报告"中风险因素段落信息含量。

本节先提取出该风险描述段落，并设置了风险因素段落负面语气程度（Tone_neg）[1]、与上年披露相似度（Similarity）[2]两个指标。表5-10列示了回归结果，回归结果显示：风险因素段落的负面语调与信用利差正相关，表明语气越负面，信用利差越高。当年风险因素描述段落与上年相似度越低，债券利差越大，相似度与信用利差显著负相关，即当年风险段落信息含量越丰富，债券利差越大。由此可知，除了重大风险提示部分，"董事会报告"中的风险因素段落同样具有信息含量，而当该段落与上年相似度越低、语气越负面时，债券信用利差越大，这说明当风险段落披露信息量越大，风险状况越糟糕时，债券投资者将要求更高的风险补偿。这与本书主要研究结论一致。

---

[1] "重大风险提示"中风险因素段落的负面语调（Riskneg），计算方法为负面词汇数/总词数。

[2] 风险因素段落与上年披露相似度（Similarity），参考 Brown and Tucker（2011）构造文本向量余弦相似度衡量，相似度越大，信息含量越低；相似度越小，信息含量越高。

表5-10 对风险因素描述段落文本分析

Variables	Spread			
	OLS	加入控制变量	OLS	加入控制变量
	（1）	（2）	（3）	（4）
Tone_neg	0.187* (1.68)	0.260*** (2.76)		
Similarity			−0.248*** (−3.00)	−0.404*** (−5.86)
Size		−0.521*** (−16.32)		−0.514*** (−15.65)
Lev		−0.203 (−0.90)		−0.296 (−1.34)
ROA		−0.891*** (−4.72)		−0.954*** (−4.95)
Rate		−0.392*** (−5.77)		−0.387*** (−5.74)
Term		0.036* (1.70)		0.034 (1.64)
Spot		0.121*** (4.27)		0.130*** (4.63)
Lnum		0.428*** (7.32)		0.429*** (7.26)
Illiqd		−0.156*** (−12.88)		−0.160*** (−13.15)
Constant	1.915*** (34.97)	15.268*** (20.70)	2.194*** (32.44)	15.513*** (20.67)
Obs	2358	2358	2328	2328
AdjR-sq	0.001	0.303	0.003	0.309
F	2.815	115.9	9.004	118.6

注：***、** 和 * 分别代表在 1%、5%和10%的水平上显著。

四、研究结论

本书的研究基于 2007~2017 年沪深两市发债上市公司，检

170

验了中国重大风险实质性提示与公司债券信用利差之间的关系，研究发现：①年报"重大风险提示"总体披露状况不佳，但并非没有信息含量。重大风险实质性提示能显著提高公司债信用利差，且这种关系在排除了公司基本面风险、控制样本自选择问题及其他稳健性检验后仍然存在。②重大风险实质性提示对债券信用利差的影响仅存在于风险管理能力差、信息质量差及非国有的上市公司。③重大风险提示通过提高投资者的异质信念影响了债券利差，异质信念是风险信息披露影响信用利差的不完全中介。④进一步对"董事会报告"中风险因素描述的文本分析发现，风险因素段落语气的悲观程度与信用利差显著正相关，而披露内容与上年相似度则与信用利差显著负相关。

　　本书的研究结论表明公司债投资者会利用年报风险信息，并将其融入债券价格。本书对风险信息披露指标的衡量与前人不同，更侧重于从信息内容上进行讨论分析，为风险信息披露价值相关性研究提供了独特证据。此外，本书为非会计信息对债券市场影响提供了经验证据。2015 年后新颁布的《公开发行证券的公司信息披露内容与格式准则第 2 号——年度报告》中放松了公司对重大风险提示的强制性披露要求，而本书发现了重大风险提示对于债券投资者评估和预防公司风险的重要意义，为监管部门加强风险信息披露监管，尤其是重大风险提示准则的制定和披露监管提供了证据。

| 第六章 ||

本书结论、局限性与未来研究方向

第一节　主要结论

一、年报风险信息披露影响因素

第一，整体来看，公司风险水平、风险管理水平、外部压力和产权性质对公司风险信息披露均能产生影响，但由于不同风险信息披露指标的侧重点不一样，这些因素对不同指标的影响大小和方向不完全一致。其中，业绩下行风险、机构持股比率、是否面临未决诉讼和负债率对四个衡量维度的影响趋于一致，而其他因素则表现出不一致性。

第二，对重大风险实质性提示而言，业绩下行风险、风险管理水平、行业集中度、分析师跟随人数对其有显著正向影响；而机构投资者持股比率、是否是国企、负债率、ROA、账面市值比对其则有显著负向影响。

第三，对于"董事会报告"中的负面语调指标，业绩下行风险、风险管理水平、法律诉讼、公司规模、账面市值比对其有显著正向影响；而机构投资者持股比率、分析师跟随人数、是否国有、负债率和资产回报率则对负面语调具有显著负面影响。

第四，对于"董事会报告"中的与上年相似度指标，仅业绩下行风险对其产生显著正向影响，风险管理水平、行业竞争程度、分析师跟随人数、规模则对其产生显著负面影响。

第五，对于全文中风险相关词频指标，业绩下行风险、风险管理水平、公司规模及账面市值比对其产生正向影响。而分析师跟随人数、是否国有、资产回报率则对其产生显著负向影响。

二、年报风险信息披露与股价崩盘风险

第一，进行重大风险实质性提示后，股价崩盘风险显著提高；"董事会报告"风险因素段落的语气悲观程度与上市公司股价崩盘风险显著正相关；风险因素段落内容与上年风险因素段落的相似度则与股价崩盘风险显著负相关。

第二，为了克服内生性问题，本书通过工具变量、双重差分等方法对不同风险信息披露指标进行了检验，并尝试替换解释变量和被解释变量，以尽量确保研究结论的稳健性。

第三，进一步研究发现，重大风险实质性提示对股价崩盘风险的影响包含了风险因素段落的语气和相似度对股价崩盘风险的影响，三者同时回归后，后两者的显著性消失。

第四，公司风险水平对两者关系具有正向影响，即风险水平越高，风险信息披露对股价崩盘风险的影响效果越强；而相比于国有上市公司，风险信息披露对股价崩盘风险的影响仅存

在于非国有上市公司。

第五，重大风险实质性提示的披露会提高公司信息不对称程度，且信息不对称是风险信息披露影响股价崩盘风险的不完全中介。

三、年报风险信息披露与信用利差

第一，发债企业重大风险实质性提示能显著提高债券信用利差，且这种关系在进行了双重差分及多种稳健性检验后，仍然存在。

第二，发债公司基本面风险越大时，重大风险实质性提示对债券信用利差的影响越大；公司风险管理越强，重大风险实质性提示对债券信用利差的影响越弱；信息质量越差，重大风险实质性提示对债券信用利差的影响越大；公司为非国有时，重大风险实质性提示对债券信用利差的影响更大。

第三，本书证实了实质性风险信息披露的信息含量，并检验了首次披露与其后披露的风险提示在影响效应上的差别，发现首次披露与其后披露的重大风险提示对债券信用利差机会具有相同的影响。

第四，进一步的研究发现，重大风险提示通过提高投资者的异质信念，进而影响了债券利差。而异质信念的提高是风险信息披露影响信用利差的中介变量。

第二节　政策启示

尽管研究结论表明，年报风险信息披露具有信息含量，对股票市场和债券市场投资者都能提供有价值的信息，然而，鉴于目前中国年报风险信息披露质量仍然较差，仍不能满足投资者风险信息需求，监管机构仍有待在以下方面加强风险信息披露的监管：

第一，披露内容具体化。上市公司普遍存在风险信息披露不充分、避重就轻等现象，甚至仅为了披露而披露。首先，在披露内容上应细化风险信息披露的要求，对于那些重要风险信息披露应做出定量分析，对定性分析要有具体的说明。其次，对于风险信息披露的风险划分要有标准，达到统一性，有利于年报使用者准确判断和分析。最后，完善风险信息披露的项目，尤其是公司特有风险的分析。如金融资产，金融衍生工具的风险及无形资产中技术风险信息的披露，并制定相应的预防措施。

第二，披露形式标准化。尽管中国的年报信息披露准则规定了中国的上市公司应当对其披露的风险因素尽力做到定量分析，但如果做不到定量分析，那么需要对所描述项目进行有针对性的定性描述。大多数上市公司都没有很好地做到风险信息的定量披露，都是倾向于定性描述。对于需要两者结合分析的项目，大多数公司仅做到了定量分析，而缺少有效的定性分析，这样不利于外部报表使用者了解该项目真正的风险。首先，应该对年度报告的格式和内容准则进行合理的拆分，可以实行格式准则和内容准则。格式准则主要描写风险信息披露的项目和顺序，可以用简洁的语言、较少的篇幅来说明。而内容准则可以详细地描述如何编制相关的风险信息项目，如何进行有效的定量分析，需要给出编制者具体的指导，可以用较多的篇幅来说明。其次，可以采用列小标题、表格、图标等简单易懂的披露形式，让外部投资者一目了然，有利于投资者更直观地了解企业的现状。

第三，注重披露的有效性。上市公司应注重披露的有效性，做到有效披露，即在修订年报准则时首要考虑报表使用者的信息需求，有效解决上市公司年报中内容冗长却缺乏实质性内容的状况，引导上市公司在编制年报时增加实质性披露内容，让投资者获得更多更有效的风险信息。

第四，注重披露的时效性。增加风险信息披露的次数和频率。上市公司应该缩短风险信息披露的时间间隔，努力提高风险信息披露的时效性，提高上市公司风险信息发布的持续性，减少信息不对称。

第三节　研究的局限

本书尚存在许多不足之处，在今后的研究中可以从以下三个方面加以改进：

第一，在变量度量方面，虽然本书的方法取得了一定突破，但风险信息披露的度量合理性有待验证。现有大量基于情感分析的研究，作为财务报告的补充衡量非财务信息的信息含量，然后将其用于衡量风险因素段落披露质量，本书在这方面属于第一次尝试，是否具有合理性及有效性，尚待检验。

第二，度量维度有限。在披露数量方面，本书考虑了风险关键词出现次数、语气语调、内容与往年相似度等变量，虽然这些维度具有一定代表意义，但仍然无法全面和具体地度量公司风险信息披露状况。此外，这些维度仍旧无法用来综合评价公司信息披露质量。本书根据相关年报披露中的风险信息披露规定，仅考察了重大风险提示部分及董事会报告中风险因素段落。但年报中仍然有其他披露风险的部分，由于无法统一搜集处理，这些度量误差可能会降低实证检验的有效性。

第三，对于风险信息披露指标的衡量，本书采用了风险描述段落的长度占全文比重，同时采用了风险描述段落和全文中风险关键词的数量作为稳健性检验，然而风险描述段落长度和风险关键词数量体现的主要是风险信息披露数量，无法体现风险信息披露的内容与质量，风险信息披露内容的经济后果有待探索。此外，尽管我们采用多种方法以控制内生性，但仍无法完全排除风险信息披露与其他市场指标之间的内生性。

第四节　未来展望

第一，对风险信息披露质量的考察可以进一步扩展。本书虽然从四个维度构建风险信息披露指标，进一步可以从风险信息披露质量的视角来构建指标，使风险信息披露指标的信息内涵更加清楚。

第二，本书从公司风险水平、风险管理水平、外部压力和产权性质视角检验了风险信息披露的影响因素。然而，风险信息披露影响因素的检验还可以扩展到其他范围，如管理者特征、公司治理状况等。

第三，可以从风险信息披露对其他（例如，审计师、信用评级、媒体等）中介机构的影响，限于篇幅，本书并未就此展开，未来可以就风险信息披露对其他中介机构的影响展开分析。

参考文献

［1］曹丰，鲁冰，李争光，徐凯.股价崩盘风险文献述评与未来研究展望［J］.财务研究，2016（2）：61-67.

［2］曹廷求，张光利.市场约束、政府干预与城市商业银行风险承担［J］.金融论坛，2011（2）：3-14.

［3］陈韵宇，林东杰，熊小林.内部控制与风险信息披露［J］.中山大学研究生学刊（人文社会科学版），2014（1）：126-136.

［4］褚剑，方军雄.客户集中度与股价崩盘风险：火上浇油还是扬汤止沸［J］.经济理论与经济管理，2016（7）：44-57.

［5］董建萍.机构投资者、信息披露质量与股价崩盘风险［J］.会计之友，2016（5）：81-86.

［6］杜莉，戴倩倩.年度报告的风险信息沟通及影响因素［J］.证券市场导报，2010（7）：32-36.

［7］方红星，施继坤，张广宝.产权性质、信号显示行为及其效果——以发债公司自愿披露内部控制审计报告为例［J］.财经问题研究，2015（1）：80-87.

［8］付鸣，刘启亮，李祎.异质信念、财务报表质量与特质波动率——基于差分模型的研究［J］.投资研究，2015（9）：146-159.

［9］葛夏晴. 商业银行风险信息披露研究［J］. 浙江财经学院学报，2012（4）：35-31.

［10］龚仰树，辛明磊. 信息披露质量是否影响公司债券融资成本？——来自中国上市公司的经验证据［J］. 现代管理科学，2014（9）：93-95.

［11］黄方亮，顾婧瑾，齐鲁，马辉. IPO 风险信息披露的内容分析与质量检验［J］. 山东财政学院学报，2013（2）：5-10.

［12］黄方亮，齐鲁，赵国庆. 新股发行风险信息披露的意向分析［J］. 山东大学学报（哲学社会科学版），2015（2）：38-48.

［13］黄寿昌，李芸达，陈圣飞. 内部控制报告自愿披露的市场效应——基于股票交易量及股票收益波动率的实证研究［J］. 审计研究，2010（4）：44-51.

［14］黄小琳，朱松，陈关亭. 债券违约对涉事信用评级机构的影响——基于中国信用债市场违约事件的分析［J］. 金融研究，2017（3）：130-144.

［15］黄政，吴国萍. 内部控制质量与股价崩盘风险：影响效果及路径检验［J］. 审计研究，2017（4）：48-55.

［16］贾炜莹. 基本物流上市公司年度报告的风险信息披露的实证分析［J］. 中国市场，2007（15）：32-33.

［17］金德环，王俊，李鹏，李胜利. 上市公司信息披露与个股异常波动相关性研究［J］. 财经研究，2002（7）：19-25.

［18］靳庆鲁，侯青川，李刚，谢亚茜. 放松卖空管制、公司投资决策与期权价值［J］. 经济研究，2015（10）：76-88.

［19］冷奥琳，张俊瑞，邢光远. 公司对外担保违约风险传递机理和影响效应研究——基于上市公司债券利差数据的实证分析［J］. 管理评论，2015（7）：3-14.

[20] 李春涛，宋敏，黄曼丽.审计意见的决定因素：来自中国上市公司的证据［J］.中国会计评论，2006（2）：345-362.

[21] 李慧萍.上市银行信用风险披露研究［J］.金融会计，2005（3）：14-17.

[22] 李胜利.中国股票市场杠杆效应研究［J］.证券市场导报，2002（10）：10-14.

[23] 李小荣，刘行.CEO vs CFO：性别与股价崩盘风险［J］.世界经济，2012（12）：102-129.

[24] 刘慧，张俊瑞，周键.诉讼风险、法律环境与企业债务融资成本［J］.南开管理评论，2016（5）：16-27.

[25] 刘晓楠.基于金融危机影响下的企业融资风险问题研究［J］.天津财经大学，2010（3）：65-72.

[26] 马晨，程茂勇，张俊瑞.财务重述、年报披露及时性与股价波动性［J］.投资研究，2015（1）：65-81.

[27] 彭旋，王雄元.客户信息披露降低了企业股价崩盘风险吗［J］.山西财经大学学报，2016（5）：69-79.

[28] 齐鲁.基于意向分析法的Ipo招股说明书中风险信息披露研究［J］.山东财经大学学报，2014（2）：34-42.

[29] 权小锋，吴世农.Ceo权力强度、信息披露质量与公司业绩的波动性——基于深交所上市公司的实证研究［J］.南开管理评论，2010（4）：142-153.

[30] 权小锋，肖红军.社会责任披露对股价崩盘风险的影响研究：基于会计稳健性的中介机理［J］.中国软科学，2016（6）：80-97.

[31] 司端军.创业板上市公司风险信息披露研究［J］.山东财经大学，2014（3）：45-51.

［32］宋常，田莹莹，陈茜.内部控制自愿披露、披露成本与融资需求［J］.山西财经大学学报，2014（1）：91-102.

［33］宋献中，胡珺，李四海.社会责任信息披露与股价崩盘风险——基于信息效应与声誉保险效应的路径分析［J］.金融研究，2017（4）：161-175.

［34］孙从吾.新股发行招股说明书风险信息披露的多案例研究［J］.山东财经大学学报，2014（2）：23-41.

［35］单容.中国上市公司表外信息披露机制研究［J］.东北财经大学学报，2010（2）：23-32.

［36］谭雪.行业竞争、产权性质与企业社会责任信息披露——基于信号传递理论的分析［J］.产业经济研究，2017（3）：15-28.

［37］陶雄华，曹松威.会计信息质量、政治关联与公司债融资成本——基于中国上市公司的证据［J］.中南财经政法大学学报，2017（3）：89-96.

［38］田昆儒，许绍双.公司特征与信息披露质量研究：国外文献述评［J］.审计与经济研究，2010（3）：70-76.

［39］万明，闫威.信息披露考核降低了股价崩盘风险吗？［J］.当代金融研究，2017（3）：44-58.

［40］汪海粟，白江涛.创业板上市公司风险披露实证研究［J］.统计与决策，2013（13）：180-183.

［41］王雄元，高开娟.客户关系与企业成本粘性：敲竹杠还是合作［J］.南开管理评论，2017（1）：132-142.

［42］吴建华，王新军，张颖.企业信息披露滞后对债券违约风险影响的量化分析［J］.金融经济学研究，2014（6）：17-28.

［43］吴建华，张颖，王新军.信息披露扭曲下企业债券违

约风险量化研究［J］.数理统计与管理，2017（1）：175-190.

［44］肖土盛，宋顺林，李路.信息披露质量与股价崩盘风险：分析师预测的中介作用［J］.财经研究，2017（2）：110-121.

［45］谢盛纹，陶然.年报预约披露推迟、分析师关注与股价崩盘风险［J］.会计与经济研究，2017（1）：3-19.

［46］谢雅璐.股价崩盘风险研究述评及展望［J］.金融理论与实践，2016（3）：108-112.

［47］熊家财，苏冬蔚.产权性质、股票流动性与代理成本——基于随机前沿模型的实证研究［J］.南开管理评论，2016（1）.

［48］徐高彦，曹俊颖，徐汇丰，沈菊琴.上市公司盈余预告择时披露策略及市场反应研究——基于股票市场波动的视角［J］.会计研究，2017（2）：35-41.

［49］许年行，于上尧，伊志宏.机构投资者羊群行为与股价崩盘风险［J］.管理世界，2013（7）：31-43.

［50］张曾莲，段晓彦.中国上市公司风险信息披露研究——以制造业为例［J］.财政监督，2015（23）：3-5.

［51］张继勋，周冉，孙鹏.内部控制披露、审计意见、投资者的风险感知和投资决策：一项实验证据［J］.会计研究，2011（9）：66-73.

［52］张俊瑞，刘慧，杨蓓.未决诉讼对审计收费和审计意见类型的影响研究［J］.审计研究，2015（1）：67-74.

［53］张苏彤，周虹.我国商业银行风险披露状况研究：上市银行的案例［J］.上海金融，2003（10）：17-20.

［54］张峥，刘力.换手率与股票收益：流动性溢价还是投机性泡沫？［J］.经济学（季刊），2006（2）：871-892.

[55] 周宏，建蕾，李国平. 企业社会责任与债券信用利差关系及其影响机制——基于沪深上市公司的实证研究 [J]. 会计研究，2016（5）：18-25.

[56] 周宏，林晚发，李国平. 现金持有的内生性与企业债券信用利差 [J]. 统计研究，2015（6）：90-98.

[57] 周宏，林晚发，李国平，王海妹. 信息不对称与企业债券信用风险估价——基于 2008-2011 年中国企业债券数据 [J]. 会计研究，2012（12）：36-42.

[58] 周宏，杨萌萌，李远远. 企业债券信用风险影响因素研究评述 [J]. 经济学动态，2010（12）：137-140.

[59] 周黎安，陈烨. 中国农村税费改革的政策效果：基于双重差分模型的估计 [J]. 经济研究，2005（8）：44-53.

[60] 周林洁. 公司治理、机构持股与股价同步性 [J]. 金融研究，2014（8）：146-161.

[61] 朱红军，汪辉. 公平信息披露的经济后果——基于收益波动性、信息泄露及寒风效应的实证研究 [J]. 管理世界，2009（2）：23-35.

[62] 武恒光，王守海. 债券市场参与者关注公司环境信息吗？——来自中国重污染上市公司的经验证据 [J]. 会计研究，2016（9）：68-74.

[63] 张继德，纪佃波，孙永波. 企业内部控制有效性影响因素的实证研究 [J]. 管理世界，2013（8）：179-180.

[64] 周宏，徐兆铭，彭丽华，杨萌萌. 宏观经济不确定性对中国企业债券信用风险的影响——基于 2007-2009 年月度面板数据 [J]. 会计研究，2011（12）：41-45.

[65] 曾雪云，邬敏，王雅坤. 中国上市公司风险管理机构

设置与信息披露现状及改进建议［J］.财务与会计，2014（12）：32-33.

［66］王茂林，何玉润，林慧婷.管理层权力、现金股利与企业投资效率［J］.南开管理评论，2014（2）：13-22.

［67］王雍欣.中国股份有限公司会计信息披露违法问题研究——基于中国证监会2002~2007年行政处罚决定书的实证分析［J］.安阳工学院学报，2009（5）：45-47.

［68］周宏，林晚发，李国平.信息不确定、信息不对称与债券信用利差［J］.统计研究，2014（5）：66-72.

［69］Allee K D, Deangelis M D. The Structure of Voluntary Disclosure Narratives：Evidence from Tone Dispersion ［J］. Social Science Electronic Publishing, 2015（2）：241-274.

［70］Bandura A. The Explanatory and Predictive Scope of Self-Efficacy Theory ［J］. Journal of Social & Clinical Psychology, 2011（3）：359-373.

［71］Barberis N, Huang M. Stocks as Lotteries：The Implications of Probability Weighting for Security Prices［J］. American Economic Review, 2008（5）：2066-2100.

［72］Baxter R, Bedard J C, Hoitash R, Yezegel A. Enterprise Risk Management Program Quality：Determinants, Value Relevance and the Financial Crisis ［J］. Contemporary Accounting Research, 2013（4）：1264-1295.

［73］Beasley M S. An Empirical Analysis of the Relation between the Board of Director Composition and Financial Statement Fraud ［J］. Social Science Electronic Publishing, 1996（4）：443-465.

[74] Beasley M S, Carcello J V, Hermanson D R, Lapides P D. Fraudulent Financial Reporting: Consideration of Industry Traits and Corporate Governance Mechanisms [J]. Accounting Horizons, 2008 (4): 441-454.

[75] Bell T B, Peecher M E, Solomon I, Campbell S, Hughes M. The 21st Century Public Company Audit: Conceptual Elements of KPMG's Global Audit Methodology [Z]. KPMG International, 2005.

[76] Botosan C A, Stanford M. Managers' Motives to Withhold Segment Disclosures and the Effect of SFAS No. 131 on Analysts' Information Environment [J]. Accounting Review, 2005 (3): 751-771.

[77] Brown S V, Tian X, Tucker J W. The Spillover Effect of SEC Comment Letters on Qualitative Corporate Disclosure: Evidence from the Risk Factor Disclosure [J]. Social Science Electronic Publishing, 2015 (3): 751-771.

[78] Callen D, Shroff M H, Li D, Lotze T, Stephens D, Banwell B. Role of MRI in the Differentiation of ADEM from MS in Children [J]. Neurology, 2009 (11): 968-973.

[79] Callen J L, Fang X. Institutional Investor Stability and Crash Risk: Monitoring versus Short -Termism? [J]. Journal of Banking & Finance, 2013 (8): 3047-3063.

[80] Campbell J L, Chen H, Dan S D, Lu H, Steele L B. The Information Content of Mandatory Risk Factor Disclosures in Corporate Filings [J]. Review of Accounting Studies, 2014 (1): 396-455.

188

[81] Chow C W, Wong-Boren A. Voluntary Financial Disclo-sure by Mexican Corporations [J]. Accounting Review, 1987 (3): 533-541.

[82] Core J E. A Review of the Empirical Disclosure Litera-ture: Discussion [J]. Journal of Accounting & Economics, 2001 (1-3): 441-456.

[83] Dechow P M, Sloan R G, Sweeney A P. Detecting Earnings Management[J]. Accounting Review, 1995 (2): 193-225.

[84] Demirakos E G, Strong N C, Walker M. What Valuation Models Do Analysts Use? [J]. Accounting Horizons, 2004 (4): 221-240.

[85] Diamond D W, Verrecchia R E. Disclosure, Liquidity and the Cost of Capital [J]. Journal of Finance, 1991 (4): 1325-1359.

[86] Diether K B, Malloy C J. Supply and Demand Shifts in the Shorting Market [J]. Journal of Finance, 2007 (5): 2061-2096.

[87] Diether K B, Malloy C J, Scherbina A. Differences of Opinion and the Cross Section of Stock Returns [J]. Journal of Fi-nance, 2002 (5): 2113-2141.

[88] Dobler M. Incentives for Risk Reporting a Discretionary Disclosure and Cheap Talk Approach [J]. International Journal of Accounting, 2008 (2): 184-206.

[89] Dye R A. Disclosure of Nonproprietary Information [J]. Journal of Accounting Research, 1985 (1): 123-145.

[90] Fanning K, Agoglia C P, Piercey M D. Unintended Consequences of Lowering Disclosure Thresholds [J]. Accounting Re-

view, 2011 (1): 301-320.

[91] Feldman Ronen, Govindaraj Suresh, Livnat Joshua, Segal Benjamin. Management Tone Change, Post Earnings Announcement Drift and Accruals [J]. Review of Accounting Studies, 2010 (4): 915-953.

[92] Filzen J J. The Information Content of Risk Factor Disclosures in Quarterly Reports [R]. Available at SSRN 2467681, 2014.

[93] Franco G D, Vasvari F P, Wittenberg-Moerman R. The Informational Role of Bond Analysts [J]. Journal of Accounting Research, 2010 (5): 1201-1248.

[94] Garfinkel S N, Seth A K, Barrett A B, Suzuki K, Critchley H D. Knowing Your Own Heart: Distinguishing Interoceptive Accuracy from Interoceptive Awareness [J]. Biological Psychology, 2015 (5): 65-74.

[95] Glosten L R, Milgrom P R. Bid, Ask and Transaction Prices in a Specialist Market with Heterogeneously Informed Traders [J]. Journal of Financial Economics, 1985a (1): 71-100.

[96] Glosten L R, Milgrom P R. Bid, Ask and Transaction Prices in a Specialist Market with Heterogeneously Informed Traders [J]. Journal of Financial Economics, 1985b (1): 71-100.

[97] Harris S M, Busby D M. Therapist Physical Attractiveness: An Unexplored Influence on Client Disclosure[J]. Marital Fam Ther, 1998 (2): 251-257.

[98] Ho S S M, Wong K S. A Study of Corporate Disclosure Practice and Effectiveness in Hong Kong [J]. Journal of International Financial Management & Accounting, 2001 (1): 75-102.

[99] Hodder L, Koonce L, Mcanally M L. SEC Market Risk Disclosures: Implications for Judgment and Decision Making [J]. Accounting Horizons, 2008 (1).

[100] Hong H, Stein J C, Jialin Y U. Simple Forecasts and Paradigm Shifts [J]. Journal of Finance, 2007 (3): 1207-1242.

[101] Hope O K, Hu D, Lu H. The Benefits of Specific Risk-Factor Disclosures [J]. Review of Accounting Studies, 2016 (4): 1005-1045.

[102] Huang X, Teoh S H, Zhang Y. Tone Management [J]. SSRN Electronic Journal, 2014 (3): 1083-1113.

[103] Jensen M B, Meckling W H, Blomberg Jensen M, Meckling W. Theory of the Firm: Managerial Behavior, Agency Cost and Ownership Structure [J]. Social Science Electronic Publishing, 1976 (4): 305-360.

[104] Jiang G, Lee C M C, Zhang Y. Information Uncertainty and Expected Returns [J]. Review of Accounting Studies, 2005 (2-3): 185-221.

[105] Johnstone K M. Client-Acceptance Decisions: Simultaneous Effects of Client Business Risk, Audit Risk, Auditor Business Risk, and Risk Adaptation [J]. Social Science Electronic Publishing, 2006 (1): 1-25.

[106] Johnstone K M, Bedard J C. Risk Management in Client Acceptance Decisions [J]. Accounting Review, 2003 (4): 1003-1025.

[107] Kidwell D S, Koch T W, Stock D R. The Impact of State Income Taxes on Municipal Borrowing Costs [J]. National Tax

Journal, 1984（4）: 551-561.

［108］ Kim J B, Li Y, Zhang L. Corporate Tax Avoidance and Stock Price Crash Risk: Firm-Level Analysis［J］. Social Science Electronic Publishing, 2011（3）: 639-662.

［109］ Kim J B, Zhang L. Financial Reporting Opacity and Expected Crash Risk: Evidence from Implied Volatility Smirks［J］. Contemporary Accounting Research, 2014（3）: 851-875.

［110］ Kim J B, Zhang L. Accounting Conservatism and Stock Price Crash Risk: Firm-Level Evidence［J］. Contemporary Accounting Research, 2016a（1）: 412-441.

［111］ Kim J B, Zhang L. Accounting Conservatism and Stock Price Crash Risk: Firm-Level Evidence［J］. Contemporary Accounting Research, 2016b（1）: 412-441.

［112］ Knechel W R. The Business Risk Audit: Origins, Obstacles and Opportunities［J］. Accounting Organizations & Society, 2007（4-5）: 383-408.

［113］ Knechel W R, Salterio S E, Kochetova-Kozloski N. The Effect of Benchmarked Performance Measures and Strategic Analysis on Auditors' Risk Assessments and Mental Models［J］. Accounting Organizations & Society, 2010（3）: 316-333.

［114］ Konchitchki Y, Luo Y, Ma M L Z, Wu F. Accounting-Based Downside Risk, Cost of Capital, and the Macroeconomy［J］. Review of Accounting Studies, 2016（1）: 1-36.

［115］ Kravet T, Muslu V. Textual Risk Disclosures and Investors' Risk Perceptions［J］. Review of Accounting Studies, 2013（4）: 1088-1122.

[116] Krishnan G V, Sun L, Wang Q, Yang R. Client Risk Management: A Pecking Order Analysis of Auditor Response to Upward Earnings Management Risk[J]. Auditing a Journal of Practice & Theory, 2013 (2): 147-169.

[117] Krishnan G V, Visvanathan G, Su L. Does Accounting and Financial Expertise in the C-Suite Aid or Mitigate Earnings Management? [J]. Social Science Electronic Publishing, 2009 (4): 4767-4798.

[118] Krishnan J, Krishnan J. Litigation Risk and Auditor Resignations [J]. Accounting Review, 1997 (4): 539-560.

[119] Krishnan J, Rama D, Zhang Y. Costs to Comply with SOX Section 404[J]. Auditing a Journal of Practice & Theory, 2007 (1): 169-186.

[120] Lafond R, Watts R L. The Information Role of Conservatism [J]. Accounting Review, 2008 (2): 447-478.

[121] Lajili K, Zéghal D. A Content Analysis of Risk Management Disclosures in Canadian Annual Reports [J]. Canadian Journal of Administrative Sciences, 2005 (2): 125-142.

[122] Li F. Annual Report Readability, Current Earnings, and Earnings Persistence [J]. Journal of Accounting and Economics, 2008 (2): 221-247.

[123] Linsley P M, Shrives P J. Examining Risk Reporting in UK Public Companies [J]. Journal of Risk Finance, 2005 (August): 292-305.

[124] Linsley P M, Shrives P J. Risk Reporting: A Study of Risk Disclosures in the Annual Reports of UK Companies [J]. British

Accounting Review, 2006 (4): 387-404.

[125] Loughran T, Mcdonald B. When Is a Liability Not a Liability? Textual Analysis, Dictionaries, and 10-Ks [J]. Journal of Finance, 2011 (1): 35-65.

[126] Massa M, Goetzmann W N, Simonov A. Portfolio Diversification, Proximity Investment and City Agglomeration [J]. Cepr Discussion Papers, 2005 (6): 570-594.

[127] Merton R C. On the Pricing of Corporate Debt: The Risk Structure of Interest Rates [J]. Journal of Finance, 1974 (2): 449-470.

[128] Miller E M. Risk, Uncertainty, and Divergence of Opinion [J]. Journal of Finance, 1977 (4): 1151-1168.

[129] Nelson K K, Pritchard A C. Carrot Or Stick? The Shift From Voluntary to Mandatory Disclosure of Risk Factors [J]. Journal of Empirical Legal Studies, 2016 (2): 266-297.

[130] Nelson M W, Rupar K. Numerical Formats within Risk Disclosures and the Moderating Effect of Investors' Disclosure Management Concerns [J]. Social Science Electronic Publishing, 2011 (3).

[131] Nichols D C, Wieland M M. Do Firms' Nonfinancial Disclosures Enhance the Value of Analyst Services? [J]. Social Science Electronic Publishing, 2009 (3): 223-257.

[132] Oliveira J, Rodrigues L L, Craig R. Risk-Related Disclosures by Non -Finance Companies: Portuguese Practices and Disclosure Characteristics [J]. Managerial Auditing Journal, 2011 (November): 817-839.

［133］ Panaretou A. Corporate Risk Management and Firm Value: Evidence from the UK Market ［J］. European Journal of Finance, 2014 （12）: 1161-1186.

［134］ Rajab, Bassam. Corporate Risk Disclosure: Its Determinants and Its Impact On the Company's Cost of Equity Capital ［J］. Edinburgh Napier University, 2009 （3）: 123-154.

［135］ Riedl E J, Serafeim G. Information Risk and Fair Values: An Examination of Equity Betas ［J］. Journal of Accounting Research, 2011 （4）: 1083-1122.

［136］ Wallace R S O, Naser K. Firm-Specific Determinants of the Comprehensiveness of Mandatory Disclosure in the Corporate Annual Reports of Firms Listed on the Stock Exchange of Hong Kong ［J］. Journal of Accounting & Public Policy, 1995 （4）: 311-368.

［137］ Wallace R S O, Naser K, Mora A. The Relationship between the Comprehensiveness of Corporate Annual Reports and Firm Characteristics in Spain ［J］. Accounting & Business Research, 1994 （97）: 41-53.